自覚的な表現者を育てる

―― 小学校国語科の授業 ――

雲石「国語」の会 編

溪水社

自覚的な表現者を育てる

目次

第三部　自覚的な表現者を育てる国語科授業の研究

自覚的な表現者を育てる

——小学校国語科の授業——

序章　自覚的な表現者を育てる

子ども観の成熟と授業観の成熟と
——自覚的な表現者への道——

田中瑩一

一　はじめに

雲石「国語」の会は一九八五年三月に発足し、月一回の研究例会と年一回の授業研修会を重ねて今日までに一七年を経過した。一九九六年にわたしたちは一〇年間の成果を小著にまとめて公刊した。『言葉をみがく国語科の授業を創る』（田中瑩一・藤井圀彦共編、明治図書・一九九六年三月）および『言葉をみがく国語科授業の探求——雲石「国語」の会の十年——』（雲石「国語」の会編・一九九六年九月）の二著である。

前者の序でわたしは授業観をめぐって次のように書いている。

日常的な言語実践も広い意味では学習であるが、言葉について自覚的になる場面が用意されているのが授業の特質である。

意識化された知識であってはじめて自己の言語実践を内省し評価し、向上させ、さらに言えば、次代の言語をよりよく、より美しくみがいて行く原動力となる。つまり言語実践のモニターとして機能する力となる。そのような力こそ、国語科にその養成が期待されている「国語の力」なのである。

この考えは今も変わらない。母語としての国語の修得とその錬磨は、基礎的な段階であればあるほどほとんど無自覚に進められることが多いが、「国語科」という意図的な学習の場を通して言語表現についての自覚化がすすめられ言語実践の能力が開発されてゆく。そのありようを前著でわたしは「表現開発」という用語でとらえておいたが、表現開発の営みは生涯にわたってたゆみなくすすめられるものであり、その営みを重ねることを通して人は自らを自覚的な表現者として成熟させてゆくのである。そのような姿に人間の特質を見る用意が当時のわたしには不十分であったために、授業観ないし学習観を以下に述べるような子ども観の問題と結びつけてとらえる視野は持っていなかった。

後者の序でわたしは子ども観をめぐって次のように書いている。

この集まりをはじめたころは、子どもたちが「言葉を楽しみ、言葉をみがく」には何をしたらいいか……ということを考えようとしていたような気がする。しかし「言葉を楽しみ、言葉をみがく」主体は、実はわたしたち自身でもあったのだ。考えてみればあたりまえのことで、授業における学習者は本来、教師との双方でなければならないからである。

「この集まりをはじめたころ」即ち雲石「国語」の会発足当時の一九八〇年代は、子どもを大人の認識する世界とは異質な自立的体系を持つ存在として見直そうとする思考が自覚的になった時代であった。F・アリエスの『〈子供〉の誕生』の邦訳（一九八〇・みすず書房）などもその契機となり、本田和子『異文化としての子ども』

（一九八二・紀伊国屋書店、一九九二・ちくま学芸文庫）、山口昌男『挑発する子どもたち』（一九八四・駸々堂）など新しい子ども論の公刊が相次いだ。子どもは新しいイメージのもとにとらえなおされ、というより新しく発見しなおされ、そのことによって大人の生き方の枠組みも変更を迫られた。しかし今日の立場から振り返ってみると、そこには八〇年代としての限界もなかったわけではない。たとえば本田和子の前著には子どもを「私どもの「大きな」世界とは別の、遙か遠くに位置する一つの「異文化」である」ととらえ、「私どもは、そんな彼らを、立ち止まって見下ろす。」と述べているところがある（同書「ちくま学芸文庫」版二二四、二二六頁、傍点は引用者による）。ここには子どもを「遙か遠くに」あるものとしてとらえ、「見下ろす」位置にあるものとする子ども観がある。

当時のわたしたちの授業観もまた、当時の子ども観から自由ではなかった。大人の前に「異文化」として立ちあらわれている子どもたちのために、教師は何をしてやらねばならないか、といった方向の思考にわたしたちはとらわれがちであったように思う。大人の価値観で構築された授業に乗って来ようとしない子どもたちを、いかにして惹きつけるかということが折々の話題になった。当時はしばしば「面白い授業を」とか、「わかりやすい授業を」といったフレーズが教育界を行き交ったが、その背後には、大人が所有し熟知しているよきものを、それをまだ所有していない「異文化としての」子どもに効率よく分け与えようとする打算が隠れていた。

しかし、やがて時代は「異文化との共生」に目覚める。子どもと並び歩き、共に発見に至るような授業が求められるようになった。国語科の授業においても、教師と子どもは互いに刺激し刺激されあって、言葉の神秘に目覚めてゆく。教師は子どもが無自覚的に獲得している言語運用力に働きかけ、そこに含まれている法則の発見をうながしたり、技をみがく実践へと方向づける。一方子どもはそのとらわれのない感性でもって教師の働きかけに応え、時には教師自身も気づいていなかった言葉の美しさを浮かび上がらせてくれる。そのような授業こそが、教師にとっても子どもにとっても真に「面白い国語の授業」なのである。

二「異文化としての子ども」論のあとに——E・J・キーツが提示したもの

「異文化としての子ども」論の季節が過ぎ去ったあと、大人は子どもにどのように向き合おうとするのか。その具体的な回答の一例としてこの節では、E・J・キーツ（EZRA JACK KEATS・1916〜1983・米）が絵本の中に提示したイメージについて分析を加えておくこととしたい。

キーツの絵本「ピーターのめがね」（一九六九・米、一九七五・木島始訳・偕成社）は次のような物語である。

子どもたちがモーターバイクの風よけ眼鏡を拾い、これをかけて「きみんちへいって、いりくちのところにすわろうや」と話し合っていると、そこへ大きい男の子たちがやってきて、その眼鏡よこせとなぐりつけられる。ふっ飛んだ眼鏡は愛犬のウイリーがくわえて行った。子どもたちは男の子たちをまいて裏街のアジトに逃げ込む。そこへウイリーが眼鏡をくわえてもどって来る。——

物語の構造を線条的にとらえると次のようになるだろう。

①「子どもによる行動の着想」
②「大人（大きな男の子）からの抑圧」
③「子どもによる抵抗」
④「抵抗の成就」

この物語の構造は千葉省三の童話「ションベン稲荷」（一九三六）のそれとよく似ている。

——嘉右衛門爺の庭には大きな丹波栗の木が二本あった。子どもたちがその栗を狙うが、爺はなかなか取らしてくれない。見つかると竹竿で追っかけられる。そんなある日、仲間の一人が隣の庄兵衛どんの庭に格好の隠れ場を見つけた。子どもたちはそこをアジトに、来シーズンの栗取りの作戦をねる。アジトには大人たちが見捨てたお稲荷さんの祠があった。子どもたちは庄兵衛どんの稲荷をもじってションベン稲荷と名付け、栗が拾われますようにとか、嘉右衛門爺さんがけつまづいてころびますようにとか、勝手な頼みごとをしては来年を楽しみにしていた。が、「その年の冬のうち、倉を建てるのだとかいって、栗の木は二本とも切られてしまった。」——

ここには大人から抑圧されながらも、その抑圧に抵抗して大人とわたり合う子ども像が生き生きと描かれている。小川未明の段階の子ども像を飛躍的に越えることに成功したのが千葉省三であったというのが児童文学史の定説であるが、たしかに小川未明の「赤い蠟燭と人魚」(一九二一)などを見ると、大人の都合によって捨てられたり、拾われたり、売られたり、奪われたりと、抑圧に翻弄される子どもの姿が描かれており、それらと比べると千葉省三においては子ども像の認識に明らかな変容が認められる。しかし「ションベン稲荷」の場合、最終的に子どもの計画が大人の都合によって挫折させられてしまうところにその時代の子ども像の限界も見える。先に挙げた「ピーターのめがね」の構造図に即して言えば、「ションベン稲荷」では④の部分が「挫折」となっているのである。そこに両者の子ども像の大きな違いがあることは言うまでもないが、それは表層的な差にすぎまい。本質的に重要なのは、キーツの子どもたちが大人とは異なった価値観をもって行動しているということである。彼等が拾ったのはモーターバイクの風よけ眼鏡だった。が、彼等が着想した行動は、「それをかけて家の入り口に座る」ことであった。大きな男の子たちが、「それをかけてモーターバイクを乗り回すこと(その拾得物をその効用通りに使用すること)」を考えたであろうのと対照的である。千葉省三の子どもたちは、庄兵衛どんの稲荷をもじってションベン稲荷と名付けるなど、いい線まで迫ったけれども、結局は大人の価値観の中にとどまって、お祈りの対象としての「神様」という枠を越えることはできなかった。作品の終末は次のように結ばれる。

それでもおれたちは、ションベン稲荷へは、ときどきおまゐりして、花なんぞ上げてきた。

ションベン稲荷が大人と同じ価値観（効用）の中でとらえられていることは明らかである。これに対して「ピーターのめがね」は次のように結ばれる。

ピーターたちは、そろって、アーチーのいえについた。アーチーはわらいながらいった。「あいつらのことを、うまくだまくらかしてやったよ、なあ。」「うん、ほんとにうまくやったよ。」そういって、ピーターはかぜよけめがねを、アーチーにわたした。「こうやってみると、なんでもきれいにみえるな。」と、アーチーがいうと、ピーターはこういってのけた。「そりゃもちろんそうさ。」

めがねが大人とは全く異なった価値観でとらえられていることがわかる。

さて、既述したように「異文化としての子ども」という認識が獲得されたあと、われわれは、そのような「異文化」とどのように接したらいいか、という問題に直面する。キーツもまたその問題に取り組んだ作家の一人であった。キーツの絵本「いきものくらべ」（一九七二・米、一九七九・木島始訳・偕成社）は子どもたちの「ペットショウ」の審判にあたる大人たちが子どもたちの発想を受け入れ、賞賛の言葉を贈る物語である。子どもたちが持ち寄ったそれぞれのペットに対して、「いちばんおしゃべりなおうむ」、「いちばんいそがしいあり」、「いちばんのろのろあしのおそいかめ」……といった具合に、残らずブルーリボン賞が与えられて行く。子どもという異文化に接する大人の対応のありかたとして、キーツの提案がもっとも鋭くあらわれているところは、最後まで自分の猫を連れて行こうとしていたがついにつかまえられず、空っぽの小瓶を持ってきた少年アーチーに向かってなされた次のような問答であろう。

「そのびんのなかに、どんないきものをいれてるんだい？」「さいきん一ぴきさ！」とアーチーはこたえた。「うーん。で、そのきみのさいきんのなまえは、なんていうんだい？」アーチーは、ちょっとかんがえてからいった。「アルっていうんだよ」／しんぱんたちはひそひそそうだんをした。／「あおいリボンを、アルにあげよう。いちばんしずかないきものなんだから！」としんぱんたちはみんなにしらせた。

子ども独特の価値観が、大人の側の、柔軟で慎重な対応によって受け入れられ、大人の側の言葉で価値づけられることで所を得ていった様子が快く描き出されている。とろでアーチーの猫は通りかかった老婆にしたがって会場にあらわれた。審判はすかさず「いちばんながいほおひげのねこをつれてきた、すてきなごふじんにあおいリボンをさしあげよう」と、その老婆を「いきものくらべ」の仲間に引き入れてしまう。「あのねこ、ほんとうはあんたのだろ？　あんたがリボンをもらうはずだよね」と言う老婆にアーチーは言う。「そりゃあいいんだよ。いいからおばあさんもらっといて。」「それおばあさんによくにあうよ。じゃまたね。」――子どもの側もまたさらりと大人につき合うのである。

この絵本の場合、大人のリーダーシップが表に出過ぎているうらみがないわけではないが、このあとに書かれた絵本「にんぎょうしばい」（一九七五・米、一九七七・木島始訳・偕成社）の場合はむしろ子どもの方を大人を凌駕する位置に立たせて書いているように思われる。これはコミュニケーション障害にある少年ルイを主人公とした物語で

ある。母親との間にも会話が成立しない状況が描かれている。人形芝居を上演する子どもたちは観客の中にルイを見つけて、

「あのだんまりやと　ぼくしゃべったことないんだよ。」
「ぜんぜんよ、わたしも。」

などと不安がる。案の定、芝居が始まるとルイは立ち上がり、舞台の人形に向かって大声で「こんにちわ！」、「こんにちわ！」……とくりかえし、上演者をも観客をも途方に暮れさせてしまう。が、上演者の子どもたちは、人形の声でルイに話しかけ、ルイを物語の世界に引き入れることに成功する。帰り道、上演者の子どもたちに声を掛けられたルイは人形を抱き締めてなかなか放さなかった。帰宅後ルイは一通の手紙を受け取る。手紙の指示に従っておもての道をたどって行ってみると、そこには今日の人形が待っていた。——この日ルイははじめて自己を開く端緒を得たのではなかったか。明日からのルイはルイのままで周囲とのコミュニケーションの輪を深めて行くであろうことが暗示される。このような展望は、おそらくはそれまでに続けられてきたであろう大人たちからのルイへの働きかけによっては決して開かれなかったことであった。大人とは異なった体系に生きている子どもたちの着想なればこそ得られた成果であった。

子どもが大人を凌駕する場合のあることを語る作品はこれまでにもあった。例えば新美南吉の「うた時計」（一九四二）の場合はこうである。——放蕩息子の周作が父の店からオルゴール時計を盗みだして村を出る。が、周作は、道連れになった子どもの純粋さにふれて、盗品を父の店に返してくれとその子に託すという物語である。ここで大人を変える原因となった子どもの「純粋さ」とはいったい何だったたか。大人がかつては持っていたが今は

曇らせてしまっているよきもの、大人が日常の彼方に理想として置くことによってその生を免罪することができるとしているよきもの、要するに、大人の意識する価値基準の延長線上にあるはずのよきものの姿が子どもに実現されていると見ることによって、子どもが大人を凌駕する場合のあることを承認しようとしているに過ぎないのではないか。「にんぎょうしばい」の場合はそれとは全く違って、大人とは異なった価値観にもとづく行動が介在して初めて事態が解決される場合のあることを示しているものと解されるのである。

キーツの最後の作品となった字のない絵本「クレメンティーナのサボテン」（一九八二・米）は、大人とは異なった価値観に基づいて行動する子どもに、生活上の注意を払いながらしかし子どもと共感的に並び歩む大人が、その子のみちびきによって世にもまれな砂漠のサボテンの開花にめぐりあうという物語である。ここでキーツは「いきものくらべ」と「にんぎょうしばい」の二作の主題の統一を試み、お互いに「異文化」である大人と子どもは、ゆるやかに交わりあうことを通して無上の価値に到達するというメッセージを造形しているのである。

三　授業観の成熟のために
——検証・「なかよしクイズであそぼう」（一年）の授業

「子どもと並び歩き、共に発見に至る」ことを方法上の理念とし、「自覚的な表現者を育てる」ことを目標としてすすめられる授業とはどのような授業か。この節では小学校の授業事例の一つを取り上げて具体的な姿を検証しておくこととしたい。

これは鳥取県境港市立境小学校教諭門脇佳恵氏が、教科書の説明文教材「とりとなかよし」（光村図書版一年上「かざぐるま」所収）を利用して行った実践である（二〇〇〇年七月実施　平成一二年度小学校新教育課程鳥取県説明会実践発表資料による)。

当時、子どもたちは給食時の校内放送で流されるクイズを毎日楽しみに聞いていた。その経験が基盤になって、この教材文に触れたとき、文中の「○○○はなんでしょう」という表現に注目し、「まるでクイズみたいだね」とか、「挿絵が答えになってるよ」などと興味深そうな反応を示していた。教師はこれを授業の動機づけとして取り上げ、「みんなも、この本で勉強をして、クイズ大会をしようか」ともちかけた。

第一次は「なかよしをさがそう」という活動である。具体的には次のような二段階の誘いかけが行われた。

①「わたしとなかよし」の人を三人書き出そう。

②「○○は□□となかよし」と言えるものをさがして書こう(できればわけも書こう)。

これは次のような言語表現の自覚化を意図したものであった。

○「だれとだれ」という並列の表現が書けること。

○「〜から」「〜ため」という文末を持つ文を用いて「わけ」が書き加えられること。

「わけ」まで書くことのできた子どもは三八人中三〇人、「〜から」や「〜ため」という文末を意識して書くことのできた子どもは一八人であった。

子どもの作文例には次のようなものがあった。

☆すなとかに。うみのすなのところにかにがいるから。

☆うさぎとにんじん。うさぎは、にんじんがすきだから。

第二次は「とりとなかよしクイズをしよう」という活動である。

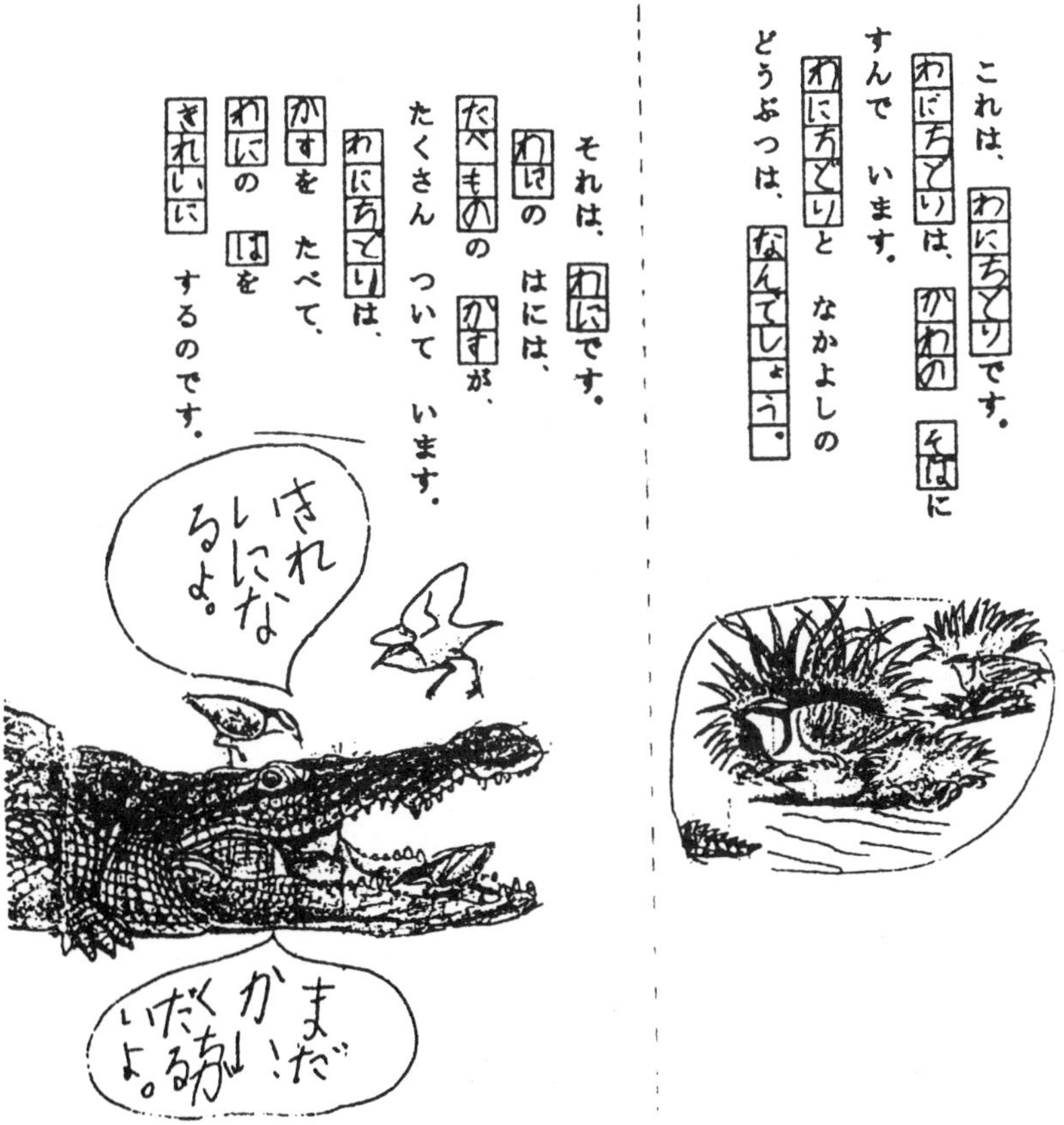
これは、わにちどりです。
わにちどりは、かわの そばに
すんで います。
わにちどりと なかよしの
どうぶつは、なんでしょう。
それは、わにです。
わには はには、
たべものの かすが、
たくさん ついて います。
わにちどりは、
かすを たべて、
わにの はを
きれいに するのです。
きれいになるよ。

第一図　クイズ台本（ワークシート）

③第一図のような、教科書の文面を利用したクイズ台本（ワークシート）に書き込む。

④できあがった「クイズ台本」を用いてクイズをする。（第一図の点線部分で折って使用する）

③は説明文教材の読み込みをねらったものである。これは次のような言語表現の自覚化を意図したものであった。

○鳥や動物の名前が書けること。

○問いかけの文末（「何でしょう」）が書けること。

○並列の助詞（「からだについたむしも」）が書けること。（第一図にはこの部分はない）

（ほかに「挿絵に色を塗る」「挿絵にある鳥や動物の思いを吹き出しに書く」などの活動を加えて説明内容への同化を図った。）

鳥や動物の名前を書き込む作業を行った結果、台本の前半と後半とでは説明されている対象が違うこと（前半は「わにちどり」、後半は「わに」といった文章の構造への気づき）、鳥や動物の名前は違っても、変わらない言い方があること（「○○は○○です」という基本文型への気づき）などを自覚化させることができた。

④は初歩的な段落意識の覚醒をねらったものである。子どもたちは出題者として実演するにあたって、前半（問いの部分）と後半（答えの部分）の読みの間に大きく間をとって相手の反応を待ち、そのあとでサッと後半を開くといったパフォーマンスを楽しんだ。この授業展開が段落意識のほか、相手意識あるいは伝え合いの意識を確かにする活動にもなっていたことに教師は気づかされた。

第三次は「自作・なかよしクイズ」を作ってクイズ大会を実施する活動である。

⑤「ともだち」、「たべもの」、「どうぐ」の中から「なかよし」を見付けてクイズ台本を書く。

⑥発表の練習をしてクイズ大会を実施する。

二者の共生的な関係を見付けてクイズに仕立てることは一年生には難度の高い課題である。そこで取材範囲を「ともだち」、「たべもの」、「どうぐ」に限定した。これによって、経験からの取材、および図鑑その他からの情報収集の学習となることをねらった。

⑤は次のような言語表現の自覚化を意図したものであった。

○「これは○○です」という文型を用いて自分の考えを表現する。

○「〜はなんでしょう」という文型を用いて相手への問いかけをする。

○「〜なのです」という文型を用いて理由の説明をする。

○前半（問い）＋後半（答え）の構造を持つ文章によって「クイズ台本」をつくる。

ここで生まれた児童作品の一例を掲げておこう。（⑥の詳細は省略。）

☆これはかあてんです。かあてんはおうちにあります。かあてんとなかよしはなんでしょう。それはかぜです。かぜはうえをとおって、かあてんをおよがします。かあてんはかぜといっしょにおどっているのです。

☆これはれんげです。れんげは、くさっぱらに　さいています。れんげとなかよしの　いきものは、なんでしょう。それは、みつばちです。みつばちは、はなのみつを　あつめます。れんげのはなは、あまい　みつを　もっているのです。

第四次はクイズ大会の感想を書く活動である。夏休みの家庭学習課題として予定されていた絵日記の導入をかねた活動として、上段に絵、下段に文章を記入するワークシートが用いられた。

ここで生まれた児童作品の一例を掲げておこう。（絵は省略。）

☆くいずたいかいをしました。ぼくのくいずをあてたひとがいて、たのしかったです。
☆クイズたいかいをしました。きいてくれてありがとう。きんちょうしました。
☆くいずたいかいをしました。ひんとをたくさんおしえてあげたよ。

これを見ると、子どもたちが、当ててもらうことを喜んでいたこと、聞いてもらった相手への感謝の気持ちを感じていたこと、ヒントを出してでも当ててもらうことで交流する喜びを味わおうとしていたことなどをうかがうことができる。門脇教諭は「相手を思う心が大切なんだよと『伝え合う力』の原点を子どもたちから教えられたように感じた」と述べている。

門脇教諭はまた、授業終了後の自己の感想を次のように述べている。「国語科の目標は言語の教育であると言われながら、これまで心情の読みとりに偏りがちな授業、子どもたちの興味・関心からいつの間にか浮き上がったような教師主導の授業をしてきた。」しかし子どもの要求を感じ取って柔軟に対応してみると「子どもたち自身が次の活動を探っていく」様を見ることができた。「言葉の力を一つ一つ獲得していく喜びが、学習の楽しさとなり、次への意欲を育てたと言える。私自身、『伝え合う』ことの難しさ・大切さ・すばらしさを一年生の子どもたちに学ぶ機会となった。」

この授業で取り上げられたいずれの学習活動においても、期待される到達度は児童の能力に応じて設定されるのであり、すべての児童の成果が認められていった点が重要であったと思われる。

謝辞　貴重な実践資料を本章の拙い分析のために心よくご提供いただいた鳥取県境港市立境小学校の門脇佳恵先生に感謝します。

第一部

自覚的な表現者を育てる国語科授業の提案

Ⅰ　提案授業　単元　物語のおもしろさを
――「三年とうげ」（三年）――

授業実施日時　　平成一三年一〇月九日、一〇日
対象学級　　島根大学教育学部附属小学校三年二組
授業者　　島根大学教育学部附属小学校教諭　瀧　　哲　朗

一　学習活動案

1　はじめに

文学的文章の読みの指導を通して「自覚的な表現者」を育てるために考えたこと

①表現をたどって読む経験を子どもに

「詳細な読解」についての見直しがなされ（ようとし）ているが、「精読」までが否定されるべきではない。「豊かに読み解く」経験をさせたい。この単元では「おもしろさ」の追求を通して文章のディテールや構成に目を向けていくような学習を志向していきたい。

②一人ひとりが物語世界を創っていくことができるような単元構成、授業構成を

一つの考えに集約するのではなく、考えに幅が生じるように子どもたちの考えを交流させる。従来、「話し合う」「発表し合う」という言葉でとらえられていた学習活動を、ここでは「交流する」という言葉でとらえなおしている。この授業では子どもの発言場面にそれは現れている。子どもはここで様々な「読み」にふれる。教師の板書は指導の一つのポイントになるだろう。

③一人ひとりの「読み」を分かり合う学習を

各授業時間の終末に子どもは「今日の勉強で考えたこと」をノート一ページにまとめ、提出する。子どもにとっては自分の読みをふりかえることになる。指導者が子どもをとらえるためのものであることはもちろんであるが、その記述を全員にプリントして渡し、各自の「読み」をつくる参考とさせる。

2　単元の構想

【教材について】

○物語のあらすじ

「転んだら三年きりしか生きられぬ」という言い伝えのあるとうげでうっかり転んでしまったおじいさん。この言い伝えを信じたおじいさんは、思い悩んで病気になってしまう。そんなとき、見舞いに来たトルトリが機転を利かせ、「三回転べば九年は生きることができる」と、三年とうげの言い伝えを逆手に取り、新たな意味をつくっておじいさんを元気づける。トルトリの言葉を信じたおじいさんは、三年とうげで何回も何回も転ぶ。そんなおじいさんの耳に、「何度も転べばそれだけ長生きする」という歌が聞こえてくる。おじいさんはすっかり元気になり、おばあさんと幸せにくらす。

○単元構想上の配慮

①もともとが民話であるので、登場人物の行動の描写が多い。

②文章構成もそれほど難しくなく、起承転結がはっきりしているので、子どもたちもおもしろさを感じながら読んでいくことができる。なお、「おもしろさ」を次のように整理して考えている。

ア、トルトリの機転　　言い伝えを逆手に取ったこと

イ、ストーリーの展開　トルトリの出現によっておじいさんが劇的に変わったこと
ウ、語り口　民話独特の語りで表現されていること
エ、言葉や言い回し　体言止めや、様子をくわしく表す「～ほど」が効果的に用いられていること
オ、登場人物　迷信を信じ込んでいるおじいさんのあわてぶりと、それを助けるトルトリとが対照的に描かれていること
カ、挿絵　おじいさんの表情等が原色を主に用いて生き生きと描かれていること
③この物語で重要な役割を果たしている歌は、音読することでより一層おもしろさを味わうことができる。
④子ども一人ひとりで感じ方は異なってくる。それを交流させることで、自分の考えを広げていくことができるだろう。

【既習の経験】

いわゆる物語文の学習としては一学期に「つり橋わたれ」でファンタジーの世界を楽しみながら読んでいく経験をしている。


【単元のねらい】

登場人物の心の動きや場面の情景を想像しながら読むことを通して、物語のおもしろさを感じ取ることができる。


【単元のめあて】

「三年とうげ」のおもしろさを見つけよう

3　活動計画

第一次　「三年とうげ」と出会い、感想を交流し、めあてをつくる。（二時間）

・物語に興味関心をもつ。
・学習の方向を知る。
第二次　五つの場面ごとにおもしろさを見つけながら読む。（五時間）
・第一場面を読み、言い伝えのおもしろさなどに気づく。（一〇月九日授業実施）
・第二場面を読み、言い伝えを信じて寝込んでしまうおじいさんのおもしろさなどに気づく（一〇月一〇日授業実施）
・第三場面を読み、トルトリの機転のおもしろさなどに気づく。
・第四場面を読み、とうげで何度も転ぶおじいさんのおもしろさなどに気づく。
・第五場面を読み、歌のおもしろさなどに気づく。
第三次　「一番おもしろいところは」という視点からこれまでの学習をふりかえる。（二時間）
・登場人物の役割や変容について（トルトリが助けたこと、おじいさんが元気になったことなど）
・ストーリーの展開について（歌が変わっておじいさんも変わったこと、言い伝えを信じていることなど）
・言葉や言い回しについて（「おいおい泣いた」、「ころころころりんと転がった」など）
・挿絵について（おじいさんの変化がわかることなど）

4　本時の学習活動（ＶＴＲ収録部分）

①第二次の第一時

登場人物はない。子どもの意識はとうげの情景描写と「三年とうげで転ぶでない……」という言い伝えとに向くと予想される。前者を「明」とすれば後者は「暗」と考えることができる。

②第二次の第二時

子どもの意識は迷信に翻弄されるおじいさんの姿に向くだろう。どの箇所を、また何をおもしろいと感じているか、しっかりととらえるよう子どもたちとかかわって行きたい。

二　学習活動の実際

（C＝児童、T＝指導者の発言であることを表す）

第二次第一時（授業日　平成13年10月9日）

C　国語の勉強を始めます。

C　始めます。

T　それでは、「三年とうげ」でこれまでみんなが勉強してきたあとが、先生が今朝配ったプリントに残っていますから、友達がこんなことを考えているんだということも、自分が考えるときに使えたらいいなと思います。プリントは勉強の中で使わないかもしれないけど、机の上に出しておいてください。

「三年とうげ」ではこんなことを勉強しようってみんなといっしょに考えたことをここに書いてみますよ。

（板書）**「三年とうげ」**

括弧をつけてたのはどうしてだったかな　――　「三年とうげのお話」という意味ね。

（板書・題名に続けて）**……のおもしろさを見つけよう**

C　「三年とうげ」のおもしろさを見つけよう。

T　この勉強はね、「つり橋わたれ」と同じように、いくつかに分けて、おもしろさを見つけていこう。最初は、

「三年とうげ」の授業

ここの「転ばないようにおそるおそる歩きました。」の所までのおもしろさをみんなと見つけていきましょう。

じゃあ、最初は先生が読んでみます。次は誰かに読んでもらいますね。用意はいいですか。

(教師の朗読)**「三年とうげ」。「ある所に、三年とうげとよばれるとうげがありました。」**

「とうげ」ってどんな所か分かりますか。

C　山みたいな。なんか、広場みたいな、草原みたいな。

T　とうげってね、(黒板に絵を描きながら)道を登っていくと、次は下る所があるでしょう、登っていくと。こういう所をね、とうげって。これ漢字で書いてみるとね、

(板書)**峠**

C　山の上下。

T　登っていって、下りになる所。通ったことがありますか。

C　えっ。

C　山に登ったことはある。

C　ある。

C　（三、四人挙手）

T　じゃあ、次に行きますよ。

（教師の朗読）「ある所に、三年とうげとよばれるとうげがありました。あまり高くない、なだらかなとうげでした。」

なだらかなって。どんなとうげか手でやってみて。なだらかってどんな感じなんだろうね。

C　（それぞれ手で動作している）

T　あまり高くない、なだらかかな。

C　（友達のを見て）それ高すぎだ。

C　この学校くらい。

C　これくらい。

T　（教師の朗読）「春には、すみれ、たんぽぽ、ふでりんどう。とうげからふもとまでさきみだれました。おそるおそる歩きました。」（中略）

T　ここの所で言いたいっていう人。K・Hさん。立って読んでください。

（中略）

T　まずね、一人ひとり、「つり橋わたれ」のときのように、見つけていきましょう。あのときはどんなふうにしたかな。教科書に書き込んだ人も多かったね。（子どもの声を受けて）ノートにね。

じゃあ、しばらく、一人ひとり考える時間にしますよ。「三年とうげ」のおもしろさ、どういう所がおもしろいか。こうだからおもしろいという所まで書けたらいいなあって思います。できそうですか。

（中略）

C　ぼくは、三年しか生きられないから、三年だけだと思ってたんだけど、トルトリはそうじゃない。
T　トルトリの後の行動と結びつけて考えているんだね。
C　春や秋になるといろいろな花がさいて、きれい。秋には白いすすきが光るからきれいな眺めが見られる。
C　三年とうげは、見た目はきれいなんだけど、三年とうげに入ると、言い伝えのことを思って、最初はきれいだと思っていたんだけど、後から怖くなる。
T　とうげはきれいだけれど、……このことと関係がある？　言い伝えと。
C　みんなは、三年とうげが怖い。
T　みんな、A・M君が言いたかったこと分かる？
C　分かる。
C　多分、分かる。
C　多分、言い伝えを三年とうげの中で思い出しちゃうから怖い。
C　三年とうげはきれいなんだけど、中に入ったら言い伝えのことを思い出して、怖くなる。
C　花がさいているけど怖いってことは、見た目がいくらきれいでも中はすごく怖い。
C　（一部の児童同士でしきりに話し合っている）
T　見た目はきれいだけど……。N・Mさん、なんか似たようなことだったよね。ちょっとお話してみる？
C　三年とうげは、きれいなんだけど、転んだら三年だけしか生きられないという言い伝えがあるから、それで気をつけて歩いてる。

C　三年とうげで転ぶのは怖いけど、三年とうげを見るのはきれいなんじゃない？

C　たしかに。

C　きれいな所だけど、悪い所もある。

T　今、とうげのことと、言い伝えのこと、みんなが言っていることが二つあるんだけど、言い伝えのほうでないですか？

C　なんで、三年程しか生きられないか。

C　三年とうげだから。

C　じゃあ、五年とうげとかあれば。

C　（笑い声）

C　五年とうげは、一回転べば五年生きられる。

C　一年とうげは？

C　一〇年とうげ、一一年とうげ……

C　（一部の児童同士でしきりに話し合っている）

C　三年とうげに入ると言い伝えを思い出しちゃうから、おそるおそる歩いたりする。

T　おそるおそる歩く。

C　質問。

C　質問というか、言いたいこと。

T　ちょっと待ってね。じゃあ、M・Tさん。

C　だったら、三年とうげで歩いてる人で、怖くないって思う人がいたら、その人は、思い出してないから……

C　それは思い出すでしょう。
C　思い出さない人だっているかもしれない。
C　いや……。
C　分かんない人もいるかもしれない。
T　この言い伝えが分からない人もいるかもしれない。
C　町で有名なんじゃないの？
T　有名な話。
C　（「多分みんな知ってるんじゃないの？」「いやあ」「だけどよその国からきた人は……」などと互いに話し合っている）
T　M・Tさん、お話だから、何？
C　私が言ったったことも、お話だから、ないかもしれないけど、作っても……。（不明）……ないかなあ。
C　もしも子どもが生まれたとして、子どもが歩くようになったら三年とうげのことを話すから、それを知らない人はあんまりいないんじゃないかな。
C　知ってたら、子どもが三年とうげへ行こうとしたら止めるよ。
C　そうだよねえ。
C　こっそり子どもが家を飛び出したら？
C　それは子どもが悪い。
C　言い伝えが分かるんだからそんなことするわけないいんじゃない。
C　でも、その子どもは生まれてから全然言われてなかったら……
C　（児童相互の自由なやりとりがしばらく続く）

T　はい、じゃあお話聞きましょう。

C　お母さんが子どもに話すっていうこともあるけど、お母さんが生まれたときに、三年とうげの言い伝えを知ってて、もっと先のことなんだけど、それを知らなくて産んじゃって、生まれてから、子どもも大きくなっても知らないから、そういうこともあるから、子どもに話してるってことが必ずあるかは分からない。

T　お母さんが子どもの頃にも聞いたってこと？

C　（うなづく）

C　だって言い伝えってことは、ずうっと上の人から下へ教えていって、おじいちゃんからお母さんで、お母さんから子どもで、ずうっとやってるから、それが言い伝え。

C　怖い言い伝えだったんだけど、トルトリが教えてくれて、おじいさんが転んでからは、いい言い伝えになった。

C　え？　一の所でしょ。先生が読んだ所にはトルトリなんて出てこんよ。

C　いいじゃん。

C　質問があるんだけど、M・K君は、三年とうげに入ったら言い伝えを思い出すって言ったけど、もし三年とうげが村から見えていたとしたら、三年とうげを見ただけで思い出すんじゃない？

C　三年とうげに車で行ったら絶対転ばないよ。

C　車が転ぶんじゃない？

C　交通事故だ。

C　車が転ぶわけないじゃん。

C　（車が転ぶということをめぐって盛んに発言がある）

T　とうげが、きれいだけど怖い、というのが、友達の話を聞いていて分かった人がいると思います。

C　怖いっていうか、おもしろそう。
T　じゃあ、言い伝えのことが分かったぞっていう人？
C　あんまり……
C　（二、三人挙手）
T　今日の勉強で分かったことをノートに一ページくらい書きましょう。

第二次第二時（授業日　平成13年10月10日）

T　この前は一の場面でおもしろかったことを聞いたけど、みんなノートを見たり、思い出したりしてね。きれいな所なんだけど……
C　怖い。
C　きれいな花にはとげがある。
T　これね、みんなで見つけた一の場面のおもしろさに、先生、したらいいと思うんだけど、いいですか？
C　（反応なし）
T　もう一回言うよ。「とうげは、きれいな所なんだけど、怖い所でもあるな」これをみんなで見つけた一の場面のおもしろさにしたらいいなあと先生は思ってますけど、いいですか？
C　でも……（聞き取れず）
T　一の場面でいいと思う人？
C　（三分の二くらいが挙手）
C　一の場面だけなら。

C　怖い所ではないかもしれない。
C　もう、一回読んだから怖いんじゃないの？
C　初めて読んだときは一の場面だけだから。
C　結構三年とうげもいいんじゃないの？　だって、転んで、転んで、転んで、転んで、おばあさんと幸せに暮らしたんだから。
T　じゃあね、今日は二の場面。ここのおもしろさをみんなでいっしょに見つけていきましょう。昨日は先生が読んだけど、今日は最初からみんなに読んでほしいんだけど。二の場面。分かる？
C　（二の場面を音読する）
T　二の場面で、おもしろい所を見つけたぞという人。
C　おもしろいか分かんないんだけど、足をすべらせて、「あんなに気をつけて歩いていたのに、おじいさんは石につまずいて転んでしまいました。」の所。
C　K・Hさんのにちょっと付け加えただけなんだけど、最初一の場面で、きれいな所だけど怖い、の理由があるから、その理由を知っているから、あんなに気をつけていたのに転んだっていうのがすごく怖くなってくる。その後に説明しても、ちょっと怖くないんだけど、初めに説明してるから怖い。
C　あ、初めて読む人にとって。最後まで読まずにここだけ読む人に。
T　昨日の所と結びつけてH・K君は考えていたんだね。もう一人だけ聞こうね。K・D君。
C　あの、ごはんも食べずふとんにもぐりこんでいたら、何もできずに、調子がどんどん悪くなっているから、その言い伝えのせいで怖くなって、もう歩けなくなって、病気になったんじゃないのかな。
C　言い伝えを思い出して、足を急がせたから転んだんじゃないの？

C　薬で治るんじゃないの？
C　薬だけでは治らない。
C　お医者さんを呼んだら？
C　治らない。だって病気はどんどん重くなるばかりだもん。
T　何人か意見を聞いたけれど、まだいろいろな考えが出てくると思うから、まずしばらく自分で読んでみて、見つけてみましょう。昨日みたいに教科書に書き込んでもいいし、ノートを見たらたくさんの人がノートに書いていたね、それをしてもいいです。しばらく自分で考える時間にします。できそうですか？　じゃあ、見つけていきましょう。

（中略）

T　じゃあ、「自分はこんなことを見つけたよ」っていうのを出してください。I・Kさん。
C　三年とうげで、言い伝えを覚えていたのに、なんで足を急がせたのか。
C　「おばあさんにしがみつき、おいおい泣きました。」
T　「おいおい泣いた」ってどんなふうに泣いたの？
C　（三分の一ほどの児童が動作化をしている）
C　（「それ『おいおい』じゃないよ。」「おーいおい」などの声が聞こえる）
C　子どもみたいに。
T　おいおい泣いた経験はありますか？
C　だっておいおい泣いたっていうことが分かんない。
C　どういう意味か分からない。

T　おいおい泣いた経験がある人。
C　（二、三人挙手）
T　人がおいおい泣いている所を見たことがある人。
C　（半分ほどの児童が挙手）
C　大きな声で泣いているのなら。
C　テレビで見た。
T　おじいさんが子どものように大きな声で泣いたの？　H・Yさんはそこにおもしろさを見つけた。
T　様子がおもしろいの？
C　（何か答えているが聞き取れず）
C　H・K君とK・D君に付け加えみたいなもんだと思うんだけど、転んで三年しか生きられないからすごく怖くなってごはんも食べずにふとんにもぐりこんだ。
C　K・HさんとI・Kさんが言ったったことの一部が混ざったようなことなんだけど、おじいさんがなんで転んだかがちょっと分かってきて、足をすべらせたってことと、おもしろいと思う所は、気をつけても転んだのは足を急がせたから転んだと思う。
T　気をつけていたのに、転んでしまった。これが多いね。みんなが見つけたのは。おじいさんが転んだ理由。
C　思ったことなんだけど、A・M君の「なんで転んだ」っていうは、足をすべらせたのと、もう一つ、絵には、ちゃんとした道を使ってないと思う。草むらみたいな所を走ってたから転んだんじゃないかなあって思う。
C　でも、とうげにちゃんと道があったじゃん。
C　でも、ないかもしれないよ。

T　ちゃんと手を挙げて言おう。
T　みんなここらへん……おじいさんが病気になって、ここらへんでなんかおもしろいことを見つけた人。
C　（挙手なし）
T　あなた方、どうも聞いていると、おじいさんがどうして転んだのかなあということがよく納得がいかないんじゃないかと思うんだけど、そういうふうに理解していいかしら。
C　（何か反応しているが聞き取れず）
C　さっきから、みんな、足を急がせたことは人次第なんだから、いつまでもぐずぐず言ってないで劇したほうが早いと思う。
C　なんで劇したほうが早いの？
C　だってさあ、人になるじゃん。劇って役があるでしょ？　その人の役にならんといけん。
C　その人の気持ちが分かってないからさあ。
C　役の人が全部分かってないと劇はできないよ。
T　H・K君は、なんで足を急がせたかは、分からないので、劇をしてみると分かるかもしれない。分かる方法みたいなものを今教えてくれたね。

（中略）

T　おじいさんのことでも気がついたお友達はいませんか？　F・Aさんもここらへんで見つけてたでしょう。話してみてくれる？
C　想像してみたらおもしろい。
T　おじいさんにしたら、どういうことだったんだろうね。とうげで転んだっていうことは。

C　ショック。

C　大ショック。

C　怖かった。

C　傷ついたような。

C　心臓が縮んだような。

T　おじいさんにとって三年とうげで転んだっていうことは、これ（大ショック、怖い）だったんだ。はいK・D君。

C　ショックとかすると、怖いとか、そういうことで寿命とかが縮んで、病気とかになったんじゃないかな。

T　ショックで病気になった。

T　ちょっといいですか？　まず二の場面でおもしろい所見つかった人手を挙げてみてください。

C　（五、六人挙手）

T　見つからない人、手を挙げてごらん。

C　（七、八人挙手）

C　思ったことならあるけどな。

T　じゃあ、今日も最後に、ノートに……。黒板を見ると、みんなが見つけたことはどうやらおじいさんの様子とか、このへんにかたまっているようですね。こういうことも参考にして、今日の勉強で自分が考えたことをノートに。

II　授業カンファレンス　物語のおもしろさをどうとらえるか

――「三年とうげ」の授業をめぐって――

授業者　瀧　哲朗

一　提案授業の趣旨

1　自覚的な表現者を育てる授業の構想

お手元にお渡ししました学習活動資料（本書二一～二五頁）をもとにお話したいと思います。

まず会のテーマであります「自覚的な表現者を育てる」授業を構想するために、どういうことを考えたかということをお話したいと思います。その際「文学的文章の読みの指導を通して」という角度をつけております。ほかのジャンルのことも考慮すべきでしょうが、今回はこういう角度から考えてみたということでございます。

一つ目は、「表現をたどって読む経験を子どもに」させたいということです。今回の「学習指導要領」の改訂にあたりまして「詳細な読解」について反省されているのですが、これは、この席におられます足立悦男先生が今月号の『月刊国語教育研究』（二〇〇一年一〇月）に書いていらっしゃるのですが、精読まで批判されるべきではない、という先生のご論に学ばせていただきました。先生の言葉を借りて表現すれば、豊かに読み解く経験を子どもにさせていきたいということであります。最近の子どもの実状を見ておりまして、じっくり本と対面することが少なくなっているのではなかろうかという私自身の問題意識もございましたので、これを一番に考えてみました。この単元ではおもしろさというものを追求させていきたいと思っておりますけども、これを追求することを通して、文章のディテールや構成に目を向けていく学習をしていきたいと考えました。

二つ目。「一人ひとりが物語世界を創っていけるような単元構成、授業構成を」ということです。藤井圀彦先生の主張される「創造読み」ということも自分では意識しております。もう少し具体的に言いますと、一つの考えに集約するのではなくて、子どもの考えに幅が生じるような授業を構成したいと考えました。そのために私が一つ考えておりますのは、従来の授業場面では「話し合う」とか「発表し合う」という場面がありましたが、意識してその言葉を使っておりません。その代わり「交流する」という言葉を用いております。これは私だけのとらえかもしれませんけれども、「話し合う」、「発表し合う」という言葉の裏には何か一つのものに行き着かねばならない、一つのものにまとめなければならないという思想があるような気がしまして、自分の中に違和感があるわけです。そこで、「交流」という言葉を用いております。具体的には子どもたちが発言する場面に表れて来ますが、子どもたちがいろいろな考えに触れる場面を大事にしたい。子どもは自分が思ったことをどんどん表に出して発言していく。そのとき、こちらがどう受け止めて、どういうふうに視覚的にしてやるかということが大切で、板書がポイントになってくると思っています。そういった面からビデオを見ていただけたらと思います。

三つ目が「一人ひとりの『読み』を分かり合う学習を」ということです。毎時間授業の終末には、今日の勉強で考えたことをノート一ページにまとめる学習場面を設けております。これが子どもたちにとってはその一時間をふりかえってみることになります。従来は教師側がとらえる資料として用いることが主であったけれども、それを子どもたちにもどんどん返していきたいと考えております。授業が終わりまして子どもたちの考えをパソコンに打ちこんで次の時間にプリントにして配る、そういう営みを毎時間続けています。

2 「三年とうげ」の授業のねらいとめあて

授業についてもう少し詳しく述べたいと思いますが、お手元の活動案のポイントのところだけ、かいつまんでお話したいと思います。

ねらい　「三年とうげ」のおもしろさを追求させるのがねらいですが、教師自身がまずどういうところにおもしろさを感じているかということをアからカまでに整理してみました。既習の「つり橋わたれ」の学習経験を生かしながら進めていきたいと考えておりました。最初に私が物語を読み聞かせたとき、真っ先に子どもから出てきた感想というのが「『つり橋わたれ』と似ている」というものでした。「つり橋わたれ」というのは長崎源之介さんの作品です。「トッコ」という主人公がつり橋が怖くて渡れなくて困っている。からかわれている。そこに絣の着物を着た男の子が橋の上に現れてからかう。それを追いかけているうちに、つり橋が渡れてしまう。男の子は正体がわからないが、橋を渡ったことでトッコの暮らしが変わってくる。という話です。トッコはつり橋が怖くて渡れないが、それが渡れるようになる。「三年とうげ」も、おじいさんは怖がっているんだけども、最後は元気になる。それから、「つり橋わたれ」には正体不明の男の子が現れてきますけども、「三年とうげ」にも、「木の陰で歌っているのはだれでしょうね」という部分がある。正体不明のものが現れるというところが、子どもが似ている話ととらえたベースにはあるようです。そういう既習の経験もありまして、おおよそ「つり橋わたれ」の授業と同じような授業スタイルで構想しようと考えました。

めあて　私どもの学校では、授業における子どもの具体的な追求課題を「めあて」と呼んでいます。これを「三年とうげのおもしろさを見つけよう」と設定して、五つの場面に分けてそれぞれの場面ごとにおもしろさを見つけていこうと計画しました。最後の学習のまとめのところでは、「一番おもしろかったところは」という視点からもう一度この物語をふりかえってみます。

みなさんにこれから見ていただく場面は、第二次の一時間目と二時間目、第一場面と第二場面です。この授業をもとにみなさんのご意見をいただければと思います。（以下授業のＶＴＲを視聴）

二　鼎談と討議

鼎談　足立悦男（島根大学教授）
田中瑩一（広島文教女子大学教授）
間瀬茂夫（島根大学講師）（**司会**）

はじめに

間瀬　さっそく鼎談に入りますが、会場のみなさんにも参加していただくようにしたいと考えております。鼎談と討議の柱を三つほど考えております。

一つは、「三年とうげ」の瀧先生の授業そのものについて検討していくこと。これをベースにして二つ目に、国語科の授業、文学の授業、さらに授業一般のあり方について考えていきたいと思います。三つ目には、国語教育の実践研究のこれまで、あるいはこれから、その中に今日の授業を位置づけながら今後の課題について考えていけたらいいなあと思っております。

はじめに田中瑩一先生から、本日の研究テーマについてただいま拝見した授業に基づきましてご提案いただきまして、次に足立先生の方からは資料を出していただいておりますので、そのことにも関わってお話いただきます。その後みなさんにも参加していただいて一緒に協議していけたらと思います。

劇化学習とことばの学習と

田中　今日の授業は授業者の朗読のあと「とうげってどういうところ？」という問いかけから入りましたね。「あまり高くない、なだらかなとうげでした」という冒頭部の表現に注意を向けさせたいという意図があったと思います。転ぶはずのないところじゃないか、ということに気づいてほしいという願いがあったと思うんですが、子どもたちは今日のところではそこまでは読めなかったようでした。

その次の、春と秋にきれいな景色になるという原文の描写には子どもはよく反応していました。そして「とうげはきれいだけども入ると怖い」という発言が男の子から集中して出ましたね。原文に「転ばないようにおそるおそる歩きました。」とあるので「恐ろしい」という受け止めがあったんだと思います。学習活動案にも「明るく、のんびりとした」「なだらか」なとうげの描写と「言い伝え」とが「矛盾するので、ここに気づいている子の考えは取り上げたい」とありましたので、これは授業者の事前の予想通りの展開だったと思います。しかし、一人の女の子が「みんな気をつけて歩いていく……」と発言してたんですね。私はこの発言をどう扱ったらいいかなということをずっと考えていました。

子どもたちの感想文に、「劇をしたい」という訴えが繰り返し出ていましたね。「紙芝居をしたい」も含めますと八人から出ています。しかし授業のめあては「三年とうげのおもしろさを見つけよう」と設定されていて、「三年とうげの劇をしよう」とか「紙しばいを作って、紙しばい大会をしよう」とか、そういうふうな授業の流れにはならなかった。むしろそのような授業が最近は多いと思うんですけども、「活動主義」の授業と言いますかね。それに対する警戒感が授業者にはあったのだと思います。最近はとかく児童中心主義が表に出て、子どもにまかせる場面が多くなって、活動はあるけれども学習がないっていうふうになってるんじゃないかと。それに対してもう少し言葉のほうに目を向けなおそうという反省です。

私が考えたことは、「劇をしたい」という子どもの要求と、言葉を見つめさせたいという授業者の願いとを両立させる道はないか、そしてその中に、あの、主流からかき消されていた女の子の発言を救う道がありはしないか、ということなのです。先程の「なだらかなとうげで、かつ、とてもきれいなところであった」という部分を劇化とか台詞作りなどで押さえて行くとしますと、「三年とうげで転ぶでない」という言い伝えが、果たして怖いものとして子どもに定着したかどうか。別の読みが出てきたんじゃないかと思うわけです。「ご飯を食べてすぐ寝ると牛になる」とか、「朝つめを切るものではない」とか、ことわざのようなものを通して我々の生活規範が伝承されている例がありますね。「三年とうげで転ぶでない」も、それと同じように受け取ってくれたら、別の読み方が成立したんではないか。そのような読みの萌芽が、あの女の子の発言の中にあったように思います。

子どもにまかせて劇化して、「ああ、おもしろかった」で終わると、たしかに国語の授業として物足りない。しかし、劇化であって、かつ言葉の力に戻れるような、両立するような授業を考えることはできる。例えば、「三年とうげをこえるときは、みんな、転ばないように、おそるおそる歩きました」というところ（教科書の六頁）を、「三年とうげで　転ぶでない。……」という言い伝えの朗読を伴奏につけながら「おそるおそる」歩く演技とダブらせてみます。当然「三年とうげで　転ぶでない。……」という台詞はスローテンポで朗読されることになります。それに対して、「ある秋の日の」おじいさんの場合はどうであったか。仕事の帰り道に美しい景色を見て、おじいさんがうっとりとしている場面に、なんか台詞をつけるとしますと、「ああ、きれいだな」とか「やれやれ、今日はたくさん売れてよかったなあ。ススキまで喜んでくれてるみたいだ」とか、言うでしょうね。それからふと、日が暮れそうなことに気がついて、足を急がせる（教科書の八頁）。そのときの歌は「三年とうげで　転ぶでないぞ。……」と、「ぞ」がついていますね。六ページでの朗読よりは急迫したテンポで読むことになるでしょう。二つの場面で、状況は同じでないことを読みとることができます。つまり、劇化や動作化をすることが言語表現を自覚的に見直すことになるわけです。活動主義の授業と、思考中心の授業とのドッキングが成立するんじゃないかなと考えてみました。

それから、今日の授業の最後の場面、おじいさんが真っ青になってお婆さんにしがみつきおいおい泣いたというところ（教科書の九頁）。授業者から「おもしろいこと見つけた人ない？　おじいさんが病気になったところへんで、おもしろいこと見つけた人」という問いかけがあったのですが、今日は反応がありませんでしたね。「その日から、おじいさんは、ごはんも食べずに……村の人たちもみんな心配しました」というあそこですね。あそこを読ませる方法として、治療にきたお医者さんになって台詞を書かせる（言わせる）とか、おばあさんになっておじいさんを看病させる、そのときの言葉掛けの台詞を書かせる（言わせる）とか。

私の予想としては、「三年とうげで転ぶと三年しか生きられないというんだけども、わしも実は転んだんだ。小学生のときに。だけど、今、五七歳まで生きてんだ」というふうなことを言う村人がいるかもしれませんし、「転んでもいいんだ。後で、この次から気をつけるということをやればいいんだ」とかですね、「あの言い伝えは、旅に出るときに注意して歩かなきゃならないということを言ってんだから、そのまま信ずることはないんだ」とかですね、まあいろいろ台詞が考えられますね。

「ごはんを食べてすぐ寝てしまったら牛になる。やあ、ぼく、さっき寝てしまったよ。どうしよう」という子どもに対してお母さんがどう言うか、っていうことを想像してみれば、まあ書けるんじゃないか。これが、活動主義を言葉に戻す一つの目のつけ所となるんじゃないかと思うんですね。

「自覚的な表現者」とは何か

田中　私が、「自覚的な表現者」という言葉を考えついた一つのきっかけは、若いころ外国の人たちに対して日本語教育をした経験にあります。国語教育は日本語教育と違って、無自覚のうちにもう相当に日本語が使いこなせるようになっている日本人に母語としての日本語を教えるわけですから、無自覚に使っているものを自覚化する働きかけが中心になる。外国語を母語とする人に日本語を教えるときには、日本語力ゼロのところへ教えていきますよね、有用なものを。それと比べて国語教育の特質は、学習者が持っている、潜在的な文法に気づかせて、内省させて、ルールを発見させて、その上でもう一度潜在的なところにまで戻るという方法をとる。その過程を私は「意識化」という言葉でとらえていたんですけど、「意識化」というのは、多言語社会でですね、例えばイギリスの小学校なんかで、英語以外の言語を母語とする子どもがたくさんいるような場合に、英語以外の言葉のルールにも配慮して英語を使う、そういう教育を「意識化教育」と言うんだそうです。最近そういうことが紹介されるようになって、それを「意識化」と言うんだったら、先ほど私が言ったようなことは、「自覚化」と呼んだほうがいいかなということで、「自覚的な表現者を育てる」というフレーズを思いついたわけです。

文章を読んで理解するということも、自分の言葉でとらえて説明ができるようになるということですから、理解も表現だと言っていいわけですね。「表現者」というのは、「言語的な根拠を納得して言語活動ができる人」というふうに置き換えてもいいかなと思ってるんです。

「おもしろさ」を見つけるという学習課題について

間瀬　ありがとうございました。それでは、皆さんから出していただいた問題から取り上げて話し合ってみたいと思います。

手元にいただいたカードを読ませていただきます。

○子どもにとって「おもしろさを見つけよう」と「おもしろいと思ったことを友達に教えよう」とは、かなり違うだろうと思いつつ拝見しました。（下略）

○子どものノートを見ると、自分ではおもしろさが見つけられなかったが人の意見を聞いておもしろさがわかったという記述があり交流する活動が子どもに刺激を与えているなと思います。

瀧先生、学習課題を「おもしろさ」とした、そのねらいといったところ。一方でその「おもしろさ」というのが子どもの学習課題として少し分かりにくかったのではないかという、そういうご意見もありますが。このあたり、いかがでしょうか。

瀧　実は私の授業の後で行った校内の研修会でも話題は「おもしろさ」ということに集約されておりました。教科書の「三年とうげ」の単元のねらいは「おもしろいと思ったところは」という角度がついておりますが、いう角度がついていることは重々承知しながら、今回あえて「おもしろさ」ということで授業を構成してみました。「おもしろいところ」というと、「ここがおもしろい」、「ここがおもしろい」、と、おもしろいところの指摘でとどまってしまうような気がします。そこからもう一歩踏み込んで、具体的な表現から抽象化させてみたい、という気持ちがあったものですから、この単元では「おもしろさ」という課題を子どもにぶつけてみました。ただ、先生方もお感じになっていらっしゃいますように、やっぱり子どもからは「先生、おもしろいところでいいの？」、「おもしろいと思ったことでもいいの」といった問いかけがずいぶん返ってきましたので、正直「おもしろさ」ということについて、子どもと私との間ではギャップがあったなあとは思っています。

それから、今、場面ごとで「おもしろさ」を追求しているんですが、「おもしろさ」というのは、後でふりかえったとき、じわっと沸いてくる、そんなのが本当の「おもしろさ」なのかもしれないなと考えるようになりました。ですから、場面ごとの子どもの意識は「おもしろいところ」、「おもしろいと思ったところ」っていうふうにいくと思うんですけども、指導者の手立てとしては、「どうしてそこがおもしろいと思ったか」ということを少し掘り下げるとか、単元の最後に「一番おもしろいと思ったところ」というふうに、少し視点を示してやることによって「この話はこういう展開だからおもしろい」というストーリーのおもしろさや、「登場人物はこんな風に変わっていっている」というおもしろさとか、この言い伝えは、田中先生にご指摘いただいたんですけど、旅する者への警鐘であったのに、それをあたかも本当であるかのように信じ込んでしまった、そういうおもしろさとか、最後のところでいろいろ集約できるんじゃないかと自分の中でストーリーを描いています。

足立　「おもしろさ」でいくつか思いついたんですけど。

この授業は、東横学園大学の日比裕先生との共同研究の一環として行われたんですが、このあと四年生で「吉四六さん」の授業を同じめあてで別の先生がやって、三年と四年とを比較します。三年生と四年生では大きなギャップがあるんですが、そこはまだ教育学的に分かっていない。なんとなく、四年生になると一気に変わっていくなあと、三年生までは子どもっぽいよなあとか、経験的にはあるんですが、データ的に、しかも子どもの発言の中にみられる認識っていいますか、ものの考え方という点でどう違うかが分からない。そういうところを探る研究の二年目でして、三年生と四年生とそれから、三・四年複式、三種類の学級で今研究を続けています。

四年生の「吉四六さん」は作品がわかりやすいこともあるけども、ひょっとしたら三年生でもおもしろいところがすぐ見つかるかもしれない。お父さんをギャフンと言わせるとか、威張っている武士をこらしめるとか。武士がかわいそうとかいうのも出てきますけど、三年生だと。そういう作品の性格も考慮しなきゃいけないけど、やはりあの「おもしろさ」というめあてがこの教材でぴったり合ってたかどうかっていうのは厳密にいいますと、いろんな課題が残ると思うんですね。

日比先生が「おもしろさの見つかった人」って二時間目の終わりのへんで質問を出されましたね。全部の子が「おもしろさ」というめあてで学習できたかなという不安があったからこの質問をされたと思うんです。そしたら一〇人ちょっとしか手が挙がらなくて、これは多分瀧先生は非常に意外だったと思うんですね。ノートを見てまわっているときにはびっしり書いているのに、なんで一〇人なんだろうかって。で、私、あとで一人の子に聞いてみたら、「思ったことならあるんだけど」って言うんですね。「じゃあ、何書いたの」って言うと「思ったことを書いた」って。数人聞いてみましたら、三ページびっしり書いてる子が「私も思ったことを書いた」って言うんですよ。手を挙げてないと思うんですね。ということは、「おもしろさ」という言葉は物語に入るには、どの子にも入りやすそうな感じがあるんですけど、見つけられたという実感をもった子と、実感をもてなくて、今みんなで勉強していることと違ったことを、自分の思ったことを書いたと思っていて、それでなかなか発表できないでいる子とがあるようですね。三年生にとっておもしろいっていう概念が、概念としてどうかってことと、教材と合うかどうかってことでしょうね。

「おもしろさ」の見つけ方の学習を

足立　それともう一つ、会場からのご発言にありました、「想像するとおもしろいって言う子がいた」ということ。そしたら「そうだ、そうだ」と言う子がいたっていうことは、これは何を意味するかなあと思うと、おもしろさの見つけ方がまだはっきりとしてなくて、「何回も読んで想像してみるとおもしろいことが見つかるんだ」とか、「おじいさんの怖がっている姿を想像してみるとおもしろさが見つかるんだ」とかいうことが、「そうだ、そうだ」という反応の中にある。変な言い方ですけど、「おもしろさの見つけ方の学習」って言いますかね、どこを見たらおもしろさが見つかるのか、どういうところを読んだら見つかるのか、という、はっきりとした探し方のめあてをもった学習を今後数回続けていく必要があるのではないでしょうか。

学習活動案の中に瀧先生が書いておられますね。アからカまで挿絵も含めて六つおもしろさを考えておられます。例えば、この二時間で挿絵は出ませんでしたよね。でも、挿絵っていうのも、ここの文章がこの挿絵のここにすごくおもしろくかかれているとか、韓国の民話ですから衣装もそうだし、そういうふうに挿絵って目のつけ所になる。あるいは、語り口。いくつかの目のつけ所をもとにして子どもは「おもしろさ」を見つけていく。今回の場合は直感的に「おもしろい」と思っているところを出させようという、非常に間口の広い入り方ですけど、これからどの子にも全部学習が成立するためには、挿絵も含めた具体的な目のつけ所を、「私は挿絵を見てこう思った」とか、「私はおじいさんのここの、言っていることを読んだらこう思った」とか、「おじいさんの、ここの、布団にもぐりこんだところがおもしろかった」とかいうふうにして、目のつけ所を与えながら、「おもしろさ」という内容的なめあての他に、学習方法のめあてを徐々に入れることによって、最後の一人までが「今、おもしろさの勉強を、私は挿絵からしているんだ」とか実感するようになる。こういうふうなところへ行く必要がある。三年生のうちに徐々に、物語の中でどういうところを見たらおもしろさが見つかるか、見つかったことを堂々とみんなに発表するための根拠を持たせる学習、こういったことも授業研究の課題だと思いながら聞いておりました。

発言の中身を持たせるための朗読学習

田中　このビデオを見て思いましたことは、この子どもたちがたいへんよくしゃべることですね。これだけ自然な発言のある学級はなかなか見られない。普段から発言する雰囲気がつくられた学級経営の反映だと思います。そこはすごくハイレベルになっていると思うんですが、発言する材料がもうちょっと成熟してもいいんじゃないか。

それで思ったことは、もう少し読ませる時間があったらよかったかなということです。朗読の時間ですね。解釈する前に朗読を繰り返す。最初に指名された女の子がすらすら読めなかった。ということは十分音読が重ねられていなくて、個人の黙読で発言をしているんじゃないか。音読を通して自分の読みを修正されることがなかった。にもかかわらずあれだけ発言できたということは、多分子ども達のこれまでの学習のスタイルがその方向にできていたんだろうと思うんですけれども。

ここまでいかない子ども、発言しようとしない、もっと前の、学ぼうとしない子どもをどうするかということが世間では問題になっている。それで、こちらの会場に菅本先生がいらっしゃいますが、今年の八月号の『月刊国語教育研究』という雑誌にご自分の二年間の実践を発表しておられます。非常に学習困難な五、六年生を連続して担任されたんですね。学ぼうとしない子ども達。それで菅本先生がどうなさったかというと、朗読をとにかくやったと。自分が教師になってから、授業中の音読を一番たくさんした学級になったというふうに書いておられます。で、二年間のうちにともかく学習ができるような子どもに育った。それを省みられて、何よりの成果として、お話を媒介にして自分と子ども達とが、おもしろいなという情動の共有ができたことがよかったと振り返っておられますね。あれだけ話すことのできる子どもなのだから、話す種をもたせるともっと上へあがるのではないか。

物語を読む技能＝イメージ化と関係づけ

田中　私は、物語を読む技能の基本は二つあると思うんです。

一つは、各場面場面のイメージを十分読みとらせること。例えば、三年とうげはきれいだということを本当に読みとらせるためには、ぬるでとか植物の名前がありましたね。私は、知らない植物もありましたので辞書を引いてみたのですが、赤とか黄色とか鮮やかに紅葉する木がたくさんあげられている。それから、草花ではすみれとかたんぽぽとか、鮮やかな色の草花ですね。そういうものを、もし子どもがあそこに並べることができたら、いかにきれいかということがわかる。それは、朗読だけではだめなことですね。朗読プラスそういうものが必要になる。イメージ化ということ。

もう一つは、離れたところに書かれていることがらを関係づけるっていうことだと思うんですね。例えば主人公がここではゆっくり歩いているけれども、別のところでは急いで歩いている。その二つはどういう関係にあるかということを考える。そうするとそこから作品の意味が浮かび上がってくる。

この二つが物語を解釈する基本的な言葉の技能じゃないかと思うんですけども、そういうことをめがけて朗読をしたり、劇化をしたり、意見交換をさせたりして発言の中身を深める、そういう展開が考えられるかなと思ったわけです。

学習のねらいと子どもの実際とをつなぐもの

間瀬　「おもしろさ」という「ねらい」を設定する段階で、瀧先生はそれを抽象的な部分まで考えられた。そしてそれを活動の方へすぐにはもっていかないで、思考のレベルでとらえようとしたことは評価できるんじゃないかということがまずあったと思います。しかし、実際の授業ということでいうと、「ねらい」と子どもの実際との間に開きがあったのではないかということも指摘されました。そうなってくると、今度は授業の過程の中でその開きをどのように埋め、学習を深めていくかということが問題になってくると思うんですが、そのあたりに関わってご意見をいただいています。生和先生。

生和　「おもしろさ」をどうとらえるか、教師の教材のとらえ方が大事だと思います。「三年とうげ」だけで通用するおもしろさではいけないと思います。「つり橋わたれ」と同じだと言っていた子どもがありますね。「こういうところが同じだ」と言えるほど抽象化するべきだと思います。

（「おもしろさ」の分類）

「おもしろさ」というとぼくは三年生レベルでは四つくらいにまとめて提示できるんじゃないかと思いました。一つは意外性のおもしろさです。普通でないからおもしろいという。おじいさんが子どものようにおいおい泣く。普通でないですよね。意外性です。意外性のおもしろさというのがあると思います。二つ目としては逆転のおもしろさがありますね。この「三年とうげ」でいえば、はじめ怖いとうげですね。それが、トルトリの機智によって幸せなとうげになる。それから、おじいさんがもう死ぬんじゃないかというのが彼の機転によって幸せになる。逆転のおもしろさがあります。三つ目としましては、わかるおもしろさ。「ああ、なるほどな」とわかるおもしろさがあると思います。予想があたるとかね。二場面であれば、おじいさんが三年とうげに出てきますと、転んじゃうんじゃないかなって思いますよね。注意しながら歩くんですけど、やっぱり転んでしまいますよね。「ああ、やっぱり転んだわ」って。四つ目としては、二重性のおもしろさですよね。イメージの響きあうおもしろさ。例えば「つり橋わたれ」であれば、森の子どもたちと仲良くなってよかったなあって終わるんですけど、二度と絣を着た男の子に会いませんよね。もう二度と会えない別れがあります。そういう二重性っていうのは物語にすごくありますよね。「ごんぎつね」の場合でも。三年とうげっていうのはものすごく美しいとうげだけれど、ものすごく怖いとうげですね。そういう三年とうげのもつ二重のイメージっていうのもおもしろさです。

「ああ、なるほど、こういうところでおもしろいんだな。いいところを見つけたね」と価値づけしてやれば、子どもは「いいところを見つけたんだ」と思って、楽しい、おもしろさのわかる授業になるんじゃないでしょうか。

足立　今、聞きながらまた思いついたことがあるんですが。「おもしろいところはどこでしょう」というめあては、物語、特に民話には非常に入りやすいし、どの学年でも、一年生から六年生まで使えると思うんですけど、さらにもう一つですね、どの子の学習も全部成立させるためには、もう少し小さいめあてっていうのが当然あり得ると思います。

（「大きなめあて」と「小さなめあて」）

例えば一場面ですと、これは誰が見たって美しいとうげの様子が書いてあるんですけども、「ため息の出るほど」とか、二回繰り返してますよね。結局このおじいさんはなぜ転んだかというと、うっとりして眺めすぎたわけで、それほど美しかった。先程田中先生もおっしゃいましたように、本当に美しいとうげだってことを確認する。これは少し小さいめあてになりますよね。それから言い伝えを子ども達は怖いと言っている。一人の子どもの発言でいいと思います。一人の子のつぶやきとか感想を全体に出して「だれだれ君は怖いって言ってるんだけれど、どういうところが怖いのだろうか」と具体的なめあてにする。

二場面はやっぱり、美しいから遅れたわけで、美しくなかったら、怖いとうげだったらすっと通っちゃうので、美しいとうげであるっていうことは結構これ大きいですよね。おじいさんの行動を促すために。

それから「トルトリのかしこいところを見つけよう」っていう実践があります。これははっきりしているわけですね。かしこいところを見つけようと。他の要素が排除されるのでちょっと素直な実感が全部出にくいというのはありますけども。

「おもしろさ」っていう大きな網を張った後、各場面にもう少し狭めためあてを持ってくる。しかもいいのは子どもの一人がその感想をちょっと書いてるっていうような場合。これをみんなに気づかせたい。そういう大きいめあてと小さなめあての二段構えがあったらどうでしょうか。

（「おもしろさ」を人に伝える）

それから、もう一つ生和さんが言われたことで、「おもしろさ」を何のために学習しているのかという問題。「おもしろさ」を味わうっていう鑑賞の体験、これが一つ当然ありますけれども、さらに「おもしろさ」を人に伝えるということが考えられていい。この物語を知らない三年生に、三年とうげの言い伝えがどんなに怖いかを伝えるって課題にした場合、表現学習のめあてになっていきますが、人に伝えようとするときにはじめて表現に自覚的になるんじゃないか。自覚的な表現っていうのはいろんな要素で培われていくと思うんですけど、人に伝えようとするときに改めて詳しく読む。おもしろさを味わうとともに、おもしろさを伝えるときに文章表現というものが本当に子どもに自覚されていくんじゃないかなと思います。

間瀬　今、この作品のおもしろさがどういうところにあるのかということがかなり明らかになってきてですね、それを授業の中でどう学習者にとらえさせるのか、またとらえていることを出させるのかということで、もう少し「おもしろさ」の条件を限定していってはどうかという方向でご発言いただいてきたと思うんですけれども、しかし、一方で、瀧先生は、それをあえて限定せずに広い学習課題にされていたのですね。そのあたり、ここで瀧先生にお考えを聞いておきたいと思うんですけれども。

一つ、私の方から注文なんですが、一時間目は一場面のおもしろさ、二時間目も同じように二場面のおもしろさというふうに、一時間目と二時間目を並列的にされた面があるんじゃないかと思いますが、そのあたりもご説明いただければと思います。

瀧　教材をこちらが読んだ段階で、こういうところはおもしろさが見つかるだろうなというのは当然教師としてキャッチしているわけなんですが、それを子どもたちがどこから言ってくるかというのは、そのときそのときで勝負していきたいというのが基本的な理念としてあります。私が「交流」という言葉を使っている意図もそこらへんにあります。「交流」をくぐったところでノートにまとめるのですが、その段階でもう一回自分の読みをつくる、という授業構成にしたかったものですから、あえて限定しなかったわけです。

あと、並列的に扱ったというのは、今まであまりにも細かく読ませすぎていたんじゃないかという反省が自分の中にもあるものですから、一場面に一時間程度を配分するという試みをとったことが並列的というふうに見えたかもしれません。並列的に扱うんだけれども、ノートをまとめてプリントにすることによって何らかのつなぎはできてるんじゃないかと考えております。

間瀬　ほかに会場の方でご意見のおありの方、ございませんでしょうか。菅本先生いかがでしょうか。

菅本　さっきのおもしろさのことでぼくも考えていたんですが、今日の授業で、おもしろさが漠然としているという指摘があったんですが、でも、最初のところ、範読をされながら、一つ一つの言葉にこだわってイメージ化をさせられて、読み進めていくっていうところで、そういう丁寧さっていうのは大事だなあと見ていました。

が、ちょっと難しいんですが、子どもたちの解釈がそこの言葉から離れて、自分の今のイメージでいろいろ言ってましたね。言い伝えの解釈のときなんかも。子どもたちがこのお話を読み解くおもしろさを体験するには、子どもの方から出てきた劇化とか、想像して楽しむとか、そういうところを切り口にする方法を採用してもよかったかなあというような感じも受けました。田中先生も言われるように、それを経て、読み解くおもしろさ、解釈するおもしろさを実感したら、もっとお話が好きになるかなあという感じがしました。

「三年とうげ」は怖いところか

間瀬　今、授業の方法のもう一つの可能性ということでアイディアやお考えを出していただいたんですが、先程から私、気になっていることなんですけれど、この言い伝えを怖いというふうに子どもがとらえたということが前提になって話されてきたように思うので。田中先生が最初に、いやそうでもないんじゃないか、ということをおっしゃっていたと思うんですけれども。

この作品のおもしろさをもう一度検討することと、授業とを結びつけたいと思うんですが。といいますのは、一時間目の授業で、今菅本先生が言われたことだと思うんですが、とうげの言い伝えについて、ある女の子が、怖くないと思う人、思い出さない人もいるんじゃないかということで、ここでかなりこだわった議論がなされたと思うんです。わたしはこの議論にどういった意味があったのかということが気になっております。それは、実は先程田中先生が言われた、あまり怖いということでもないんじゃないか、という異議申し立てという面があったのではないかと思うんです。

このあたり、田中先生、表現ということとそれから授業での子どもの読み、議論を絡めてご発言いただけたらと思うんですが。

田中　あの発言は大変おもしろかったですね。もう一人、「入ったら言い伝えを思い出す」と言った子に対して、「いや、入らなくても、もし村から見えていたら、三年とうげを見ただけで思い出すんじゃないか」というふうな発言もありました。あの二つは中心的な議論に位置づかなかったけども、私は重要な発言だったんじゃないかと思います。授業にはそういうこともありますね。いい発言をしても全体の流れとか、勢力のいい子どもの発言でかき消されるとかしてクローズアップされないということが。子ども同士の力関係で埋没してしまう意見もあります。もう一つは教師の路線があって、この路線から外れていたために、第三者から見ればいい発言なのにな、というのが取りこぼされるということもありますね。

そういうことをどういうふうに克服するかというのは、授業する側の重要な心構えだと思うんですが。私はその解決法としては、教師が十分に教材研究をしてある路線をイメージして授業に臨むんだけれども、いざ授業になったときには、教師の権力的な立場を一応捨てて、子どもと肩を並べたところ、伴走者のところへ降りて、自分としてはおかしな発言だなというものにも心を留めてやるという、師弟同行の姿勢と言いますかね、俺について来いじゃなくて、子どもの中に入る姿勢が必要だと思うのです。先ほど瀧先生はその心構えを語っておられたと思います。先生の言葉では「そのときそのときで勝負する」という態度ですね。

「自動車で行ったら転ばない」

田中　例えば、今日の一番前の席の、いつも突拍子もないことをいう男の子が、「自動車で行くようになると誰も転ばなくなる」って言いましたね。困った発言なんですよね。「お前ちょっと黙っとれ」とか言いたくなる。あるいは黙殺するとか。だけども逆手にとって、「おお、そうだな。このごろは自動車がある。それじゃあ自動車で行く人のためのおまじないを考えようじゃないか」というふうにもっていく。で、私、考えてみたんですよ。どんなんができるか。例えば「三年とうげで脇見をするな、三年とうげでスピード出すな……」とかね。三年しか命がないぞというような言い伝えを作らせる。そうすると原文が相対化されまして、三年とうげの歌っていうのは村人の生活のモラルといいますか、心構えを語るものだったということに気づかされる。

ところがあの主人公は馬鹿正直なと言いますか、一途な、非常に素朴な人物であるために、ああいうことが起こった。こうなるとまともな慰めでは全然効かなくて、とんちのきいたトルトリの、馬鹿正直につける薬のような、理屈をひっくり返したようなものにころっと引っ掛かって上手くいく。そういう、昔話の大きな分類でいうと笑い話、とんち話のレベルで理解していける。で、あの突拍子もない子どもの発言が生かされる。生かすことができるのは、偶然もありますし、教師の度量もありますし、たまたまそれが耳に残ったということもありましょう。今、間瀬先生がおっしゃったように、あれを取り上げたらどうだっただろうかという、いろいろな興味ある発言を、授業の中でどのように処理していったらいいかということも授業技術上の研究課題となろうかと思います。

「なんで三年か」

足立　「なんで三年」って言った子がいるんですけど、あれは、どうされました。あそこで「五十年とうげならいい」とか「百年とうげ」とか、よく出るんですけど。すぐに別の、怖くない人もいるのではといった問題に移ったので「なんで三年」が話題にならなかった。普通の場合は「なんで三年」っていう子が出るとわあっと出てしまって、三年の重みがなくなっていく場合もあるんだけれど。もしこれが大きな話題になったときに、「まあ、何年でもいい」っていうのか、「いや、三年」っていうところにもう一回重い意味を返すかどうか、そのへんです。どうでしょうね。

瀧　表現上でいうと、歌自体がすごくリズム感がありますから、「三年」以外の年数を当てはめるとリズムが狂ってしまうんです。四音だと落ち着くんです。音律上の問題もあると考えています。

さっきの怖いということに戻して考えると、言い伝えというものの性格について女の子は言っていたと思うんですよ。どのエリアまで言い伝えというのが広まっているか。言い伝えそのものについての問いかけではなかったのではないかと私は受け止めておりました。怖いか怖くないかということではなくて。

子どもの発達段階と「おもしろさ」の理解

藤原　田中先生が例を出された「食べてすぐ寝ると牛になる」というのは、子どもは「えー、嘘だ」ってすぐわかるじゃないですか。食べてすぐ寝たおじさんが「自分は牛になるかもしれない」って心配してたら、三年生の子も「いや、そんなことないよ」っておもしろく感じられると思うんですけど、一回この文を呪いの言い伝えとか、怖いと思ってしまっている三年生の子からすると、このおじいさんを滑稽だと見る視点というのはなかなか出ないのではないかなと思ってみました。二年生くらいだったら多分このおじいさんをすごくかわいそうな人っていって、読むんじゃないかなと思います。

おもしろさも色々あるんだというところで話が出てますけど、おじいさんがその言い伝えを信じて、「そんなことないよ、そんなこと信じるなんておかしいよ」っていうおもしろさを出すなら、言い伝えが本当に怖いものかどうかを押さえておいて、「昨日はみんなでこの言い伝えは怖いものじゃないんじゃないかなって話をしてたけど、このおじいさんは本当においおい泣くほど怖がっているんだよね」というふうに進んで、「じゃあ、このおじいさんどうなんだろう」という感じでこの話のおもしろさというか、おじいさんの滑稽さみたいなものが出たかなあと思いながら聞いていました。

それが学年の読み取りなのかもしれませんが、子どもが一生懸命この言い伝えは怖いと思って読んでるので、その次に病気になってしまったおじいさんを笑うことはなかなかできないかなあと思って。三年生ぐらいってどうなのかなと思いながら聞きました。

生和　ぼくもこの「三年とうげ」の言い伝えに関しては、滑稽に関わってくるんじゃないかと思うんですけど、「みんなが転ばないようにおそるおそる歩きました」という記述がありますので、この村ではかなり信憑性があって恐ろしいものだとみんなが思っている言い伝えだと思います。ただ、こういう言い伝えはレベル的には「ごはんを食べてすぐ寝ると牛になる」レベルなんですよね。だから、読者から見るとこんなに信じるっていうのは、ちょっとオーバーなんですよね。そこにおもしろみが実はあるんじゃないんでしょうか。だからこれはおもしろさでいうと一番目にいいましたが、意外性にはいるんでしょうか。普通一般でいうとこんなに信じませんよね、言い伝えを。ところがここの村はすごく信じているという、我々から見たら意外な村なんですね。だからやっぱりそのへんがおもしろいんですよね。

間瀬　時間のこともありますのでこのことばかり話していることはできないんですが、私は、今日ビデオを見ながら改めて発見したことなんですが、瀧先生が、最初にこれを読まれるときに、「(重々しく) 三年とうげで転ぶでない」っていうふうに読まれていたんですね。ここを「(軽快に) 三年とうげで転ぶでない」っていうふうに読めばまた違っていたと思うんですが。

もう一つはですね、美しいところ、見た目はきれいっていうことと、でも怖いっていうことを出されたときに、とうげのことか、言い伝えのことかっていうふうに選択肢が出されて、後者のほうを選択されていったっていう授業過程がありまして、そうすると、言い伝えの怖さという面を強調してとらえていたということが解釈の中にもあって、それが授業過程の中にも無意識のうちに進んでいったんじゃないかなあとそういうふうに見ておりました。

異文化としての民話教材へのアプローチ

足立　あと一〇分しかありませんので残りの時間私と田中先生と半分ずつ話して終わることにしましょう。

今の問題はですね、日本国語教育学会が何冊かのシリーズの本を二年前に出しましたときに、民話の本（『日本の民話・世界の民話』図書文化社）の中で、私が書いたことなんですが、しかも議論を生んでいることなんですが、民話っていうのは、日本のもっとも日本らしい話として教材になっているけれど、実は子どもにとって異文化として考えた方がいいという提案をしたことがあります。異文化っていうのは今までだとだいたい外国の、韓国とか中国とかヨーロッパの文化を異文化と呼んでましたけど、実は子どもにとって民話ほど異文化な、しかもおもしろい読み物はないいんじゃないか。

で、今の言い伝えもですね、大人が見ると怖い言い伝えって読めるけど、子どもにとって怖くない、言われたってどうせそんなはずはないと。ありえない話だと。ただ言い伝えという事実はあったわけで、それに動かされていく人たちはいたわけで、それがベースになっているので、このおじいさんのふるまいも異文化なんですよね、子どもにとって。そういう違ったところをどんどん出させるほうがむしろ民話の授業を新しくするだろうと思っています。そういう意味では、結構異文化的な、大人の発想を超えた、想像だにできない、想像してもさらに超えてるという要素をたくさん含んでるのが民話だと思うんです。だから、一定の筋はありますけれども、いろんなところで脱線していくおもしろさがある。

指導書に、これを訳した作者の文章が載ってますけど、韓国の民族性を強調されています。「韓国人っていうのは家族を大切にして、故郷をこよなく愛し、どんなに困難なときも力強く楽天的に生きてきた」。どんな困難なときにも力強く楽天的っていうのは、韓国の人たちから見るとまさに民族の心なんですけれど、たいへん大事であって、困難に負けずに、しかも前より楽天的に生きていく。その楽天性がおもしろいっていうふうに、最終的には子ども達に作者がメッセージとして出しているものは味わわせたいなと思います。

日本の民話も異文化として見ていくとおもしろいことはいっぱいありまして、「かさこじぞう」という二年生の有名な教材の場合ですけど、子どもに疑問を書かせるといろんな疑問が出てきますね。地ぞうさんたちがそりで来るのもわからないことだし、行くときも通ったのに売れ残りの笠じゃないか、とかですね。行くときにかぶせてあげたんなら価値があるけど、売れなかったものなら自分でもやるとかですね。「つけなかみかみねました」だけど、漬け菜がよっぽど好きなんだとか。貧乏がわからないんです。本当に異文化性を二年生が楽しめる教材なんです。そういう意味で民話には一般の物語教材とかなり違った要素があります。

韓国の国語科教科書における民話教材

足立　最後に、時間があればと思って事前に用意していたプリントを見てください。実はこれは文部省の科研費で共同研究した島根大学の研究報告書の中の一ページなんですけど、私が日本と韓国の国語教科書の民話教材を比較した一覧表です。これは、前に来ておられた金京姫さんという韓国人留学生の翻訳に私が手を入れたものです。

韓国のほうは三種類教科書を使っていまして、「読み方教科書」と「話す聞く教科書」と「書く教科書」と三種類あります。「三年とうげ」は「話す聞く教科書」に載っています。細かな手引きが三つあって、絵を見ながら先生が読んでくれる、「三年とうげの物語を聞いてみましょう」。これは指導書によって読み聞かせする。二つ目はですね、「三年とうげの物語をもう一度聞いて、おじいさんと書堂（ソダン）の先生（日本の教科書教材には登場しませんけど韓国の教材には登場します）について自分の考えや感じを言ってみましょう」。三つ目は、「私がおじいさんだったらどうするか言ってみましょう」。これは話し言葉の教材ですね。

日本の場合ですと、全文を載せることが原則になってますのでこういう使い方はしませんが、韓国ではこうしてたいへん多くの昔話が使われています。私はぜひ「三年とうげ」の授業比較を日韓でやってみようと思っております。

描かれたものを自己の生き方と絡めてどう意味づけるか

田中　民話が、足立先生がおっしゃったように、異文化として子ども達に解釈される場合に、文学の読み方を教えるという立場と結びつけて言うと、例えば「かさこじぞう」でですね、これから売りに行く、行きがけに笠をかぶせるのと、帰りがけに売れ残りの笠をかぶせるのと二つの語りがあった場合、行きがけにかけたほうが優しさがよくあらわれるというふうに受け取る読み方の他に、あの貧しい生活の中で、売るものが一つだけあった、せっかくのその笠を、売る前にかぶせてしまうのは農民の生きる姿勢として許されるか、という批判もあり得る。柳田国男は彼の編集した『日本昔話集』に売れ残り型の方を採用しています。

描かれたものを読者の生活経験や人生観と絡めてどのように意味づけるかということが解釈だと思うんですね。

それを鍛えるところが文学教材の授業ではないか。一つの出来事をAくんはこのように意味づけた、Bくんはこのように意味づけた、どちらも解釈上は成立するということを承認しあった上で意見交流する。成立の承認のないまま、いつも先生に誉められているA子ちゃんがいっていることだから本当だわ、というふうに考えてしまうと、これは自覚的な表現者にならないわけです。そこのところを私は注意しておく必要があるだろうと思っております。

おわりに

間瀬　はじめにこの鼎談の柱を三つ申し上げましたが、一つ目、二つ目のことは明示的にはっきり議論されたと思いますし、三つ目についても潜在的に議論されていたんじゃないかと思います。今日、国語の授業を見るときに、何らかの言葉を学習したということが逆に言葉を奪うということになっていやしないだろうか、という立場から国語教育というものを問い直してみようという問題意識があると私はとらえているんですが、そういったことも議論の中に含まれていたんじゃないかと思います。

最後に、突然なんですが、この協議を終わるにあたって、韓国からおいでになっている申美煕さんに一言感想をいただけたらと思いますが。

申　「三年とうげ」は私、子どもの頃に、聞いた覚えがあるくらいなんですけど、日本に来てみれば教科書に「三年とうげ」の話が載ってて、今日の「三年とうげ」の鼎談があるほどなので、うれしくて、またびっくりしているんです。私が覚えている「三年とうげ」とはちょっと違って、私の覚えている「三年とうげ」は、知恵のある少年が、困っているおじいさんを助けるという筋で、ちょっと考えを変えればなんでも困難から助けられるという内容だったと思うんですけど、でも授業を聞いてみればそうではなかったですね。いろんな方法で授業ができるんだなと思いました。ありがとうございました。

第一部

自覚的な表現者を育てる国語科授業の実践

Ⅰ　単元「かたちづくりゲーム」をしよう（一年）

瀧　哲朗

1　単元の構想

このゲームは、○や□や△あるいは長方形や台形などの図形カードを組み合わせてつくった「かたち」について、それを見ていない聞き手に口頭で説明して同じかたちをつくるように話す活動を核に据えたものである。話し手は、自分の形作りの手順を分析して説明する。聞き手は、話し手の説明に従って形をつくりながら、説明が的確であるかどうかを確かめていくのである。話し手は聞き手を意識して説明することが必要であるし、聞き手は、同じ「かたち」をつくるために必要なことを問い返したり要求したりしながら、話し手の言葉を引き出して行かねばならない。そこに言葉を介した交流の深まりが期待される。

この実践は入学して間もない一年生を対象としており、いわゆる「口頭作文」の学習としてとらえている。使用する図形カードは三枚。ゲームを行っていくうえでのルールは次頁に示した通りである。正確な「かたち」ができたか否かを問うのではなく、「4、5、6」のように、みんなでひとつの「かたち」について考えていく場面を重視した。つくる「かたち」については子どもにまかせたが、ゲームに用いる図形カードの種類やその呼び方などは後掲のように定めた。

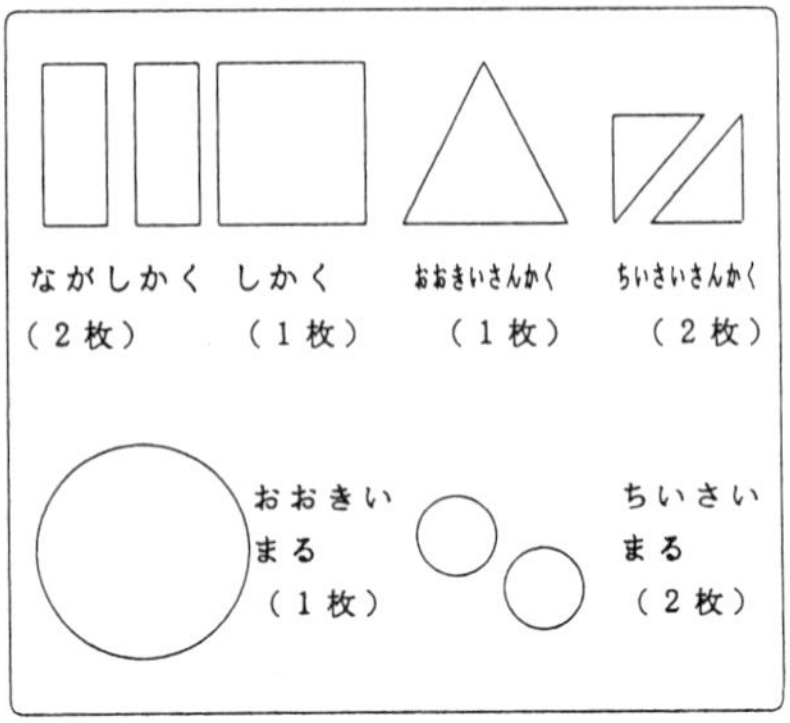

図１　使用するカードの呼び方

「かたちづくりゲーム」のルール

1、四人のグループでやります。
2、一人が話して、あとの人は話を聞いておなじかたちをつくりましょう。
3、話す人は、かたちが見えないようにしましょう。
4、聞いていてわからないときには、話している人にそのことをいってもいいです。
5、話す人は、わからないことを聞かれたらそれに答えましょう。
6、最後にできたかたちをくらべ、話のよくわかったことやわかりにくかったことをみんなで見つけあいましょう。
7、一人の話が終わったら次の人に代わり、どんどんやりましょう。

2　単元の目標

○「かたちづくりゲーム」に楽しく取り組み、言葉の意味やそのはたらきに関心をもって話したり聞いたりしようとする。
○話し手は「かたちづくり」の手順や図形カードの向き、重なり具合など、聞き手が同じ「かたち」をつくることができるように、順序だてて説明しようとする。
○聞き手は説明を聞いて「かたち」をつくることを通して、その説明の妥当性について、自分の考えをもつことができる。

3 単元の計画

○第一次 「かたちづくりゲーム」と出会い、これからの学習への見通しをもつ。……………2時間
○第二次 ゲームの約束ややり方に気づき、グループで「かたちづくりゲーム」をたのしむ。………2時間
○第三次 グループでゲームに取り組み、わかりやすい話し方について考える。……………6時間

4 授業の実際

○第一次における子どもの取り組み

第一次は、ある子（ＩＴ児）が行った説明をあげて、このゲームのやりかたを学級みんなで確かめることから始めた。

ＩＴ児は、図2のような図形（カエル）について下のような説明をした。

図2 ＩＴ児の作った図形（カエル）

ＩＴ児の行った説明

しかく1まいだして。だしたらおいて。ちっちゃいまるふたつよういして。それおいて。しかくに、……どういったらいいかなあ……めだまをそとがわにおいて。そとがわにくっつけて。もうひとつおなじようにおいて。またまたおんなじにして。かくっていうところにひとつだけおいて。おんなじのをもうひとつ、ちょっとだけ……わかりやすくないかもしれないなあ。

説明の文は、指導者が聞き取って書き留めたものである。波線を施した箇所は、必要な図形カードとその枚数、カードを置く位置などを的確に表現しており、聞き手も、同じ「かたち」を容易につくることができるだろうと指

導者が考えていた部分である。

だがこれを聞いた子どもからは、「どこにおいていいのかわからない」という声が返ってきた。実際やってみると、聞き手によって様々な「かたち」ができてしまう。

この説明のどこからこのような「ずれ」が生じてきたのか、どんなことに気をつけて説明すればよいか、ということについて話し合った。

○　第二次、第三次における子どもの取り組み

つなぎの言葉を用いることの発見

第二次では、グループに分かれてゲームを行った。

ＨＡ児は、図３のような図形（ロケット）について下のような説明をした。

ＨＡ児の行った説明

まずしかくをまんなかにおいて。
つぎにりょうがわにちいさいさんかくをくっつけておいて。
これでおわりです。

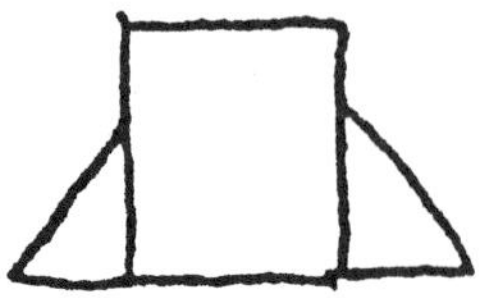

図３　ＨＡ児の作った図形（ロケット）

この説明の特徴は、「まず」「つぎに」という接続詞を用いていることである。これまでの説明では、このように

順序性を明らかにする子はいなかった。この説明のよさを、子どもたちと見つけることにした。

T この言い方、わかりやすいね。

C 次に何をしていいのかがわかるような気がする。

C 今までは、「～して」ってずっと同じ言い方だったけど、この言い方だと「これでおわりです」っていっているから、そこが違う。

T 今のようなことを見つけたんだね。聞いててどう思う。

C あのね、「これでおわりです」っていうと、「おわったんだ」と思う。

T もう少し話してくれる。

C これまではずっと「～して」だったから、こういうふうに言うと、「これで終わったんだ」と安心できる。

（T＝教師の発言、C＝子どもの発言）

まとめの表現を添えることの発見

「これで終わりです」という言葉を添えることによって、「かたちをつくる」という一連の活動が、一応の終了を示され、安心するという発見があった。

全体のイメージを伝えることの発見

右に紹介した授業の次の日の学習で、ある子が、「どんな形ができたかを一番に言うといい」と発言した。HA児の図形で言えば、「ロケットをつくります」と、まず何をつくったのかを伝えるといいということになる。そこでこの発言をした子に問い返して、この子の考えを詳しくさぐってみた。この子の考えや、それに触発されて引き出された子どもたちの考えを、次のように板書してまとめた。（※点線から下は、指導者としての気づきである。）

1　なにをつくったかをはなす
2　どうやってつくるかをはなす
ア　どのかたちを、なんまいつかうかをはなす
イ　むきをはなす
ウ　おきかたをはなす

↓　全体を言う
（イメージがもちやすい）
↓　いるものを伝える
↓　作り方を伝える

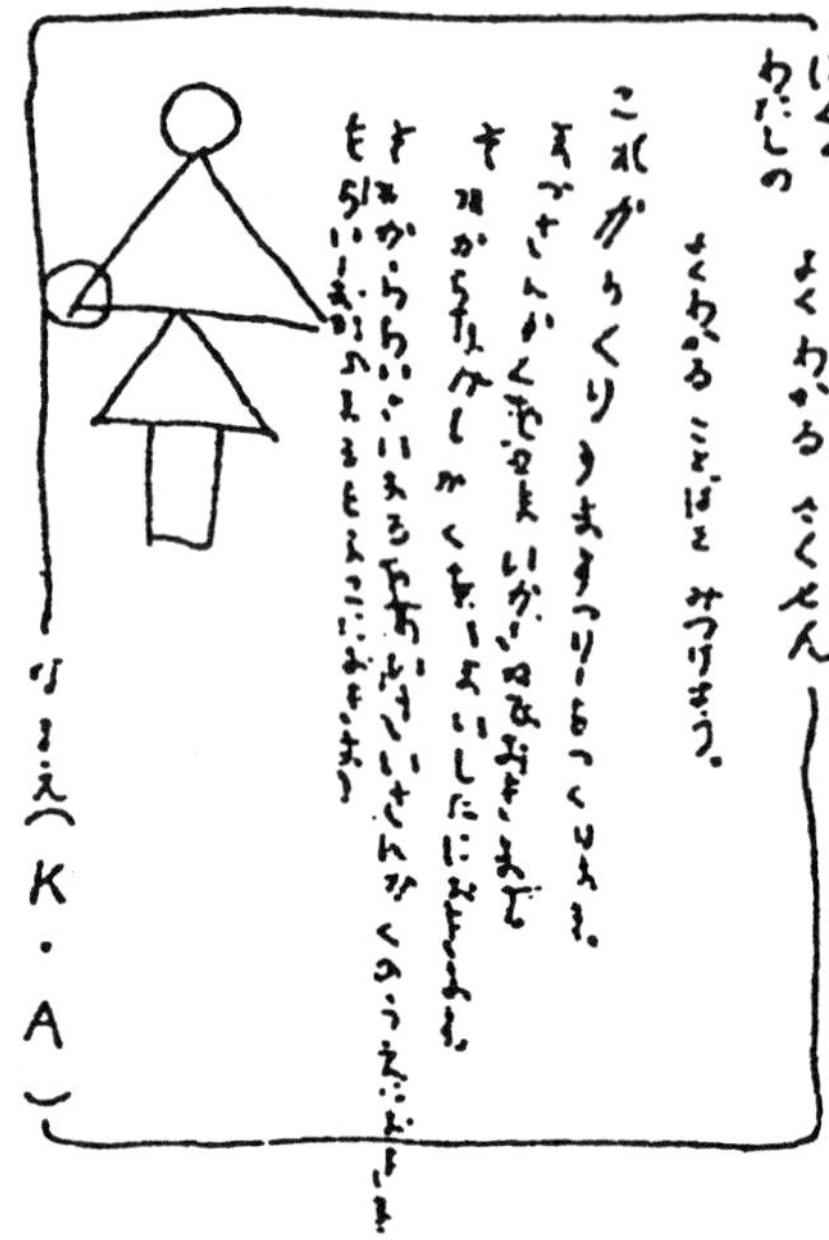

図4　「かたちづくりゲーム」の説明のためのワークシート記入例

「全体（像）から部分（手順）へ」という説明のプロセスが、子どもの考えの中から生まれてきたのである。同じような活動を何回か繰り返すうちに、「もっとわかりやすい説明のし方を求めたい」という、子どもの要求が沸き上がってきたことによるものだろう。

　この時間の気づきをみんなで共有してからのち、子どもたちの説明のし方は大きく変化を見せた。全体→手順という構成で説明する子がほとんどを占めるようになったのである。

図4は「かたちづくりゲーム」の説明のため

に子どもたちに準備させたワークシート（「ぼくの（わたしの）よくわかるさくせん」）の一例である。

話す側の変化とともに、聞き手の側にも変化が見られた。「かたち」をつくることが、実にスムーズになったのである。具体的に言えば、最初の「○○をつくります」という説明で、ほぼ同じ「かたち」ができあがるのである。その後の説明は、それが正しいかどうかを確かめるために聞くという意識になっている。

使用する図形カードの枚数を三枚に制限していたために、つくろうとする「かたち」が限られていたことも、すぐにできあがった要因の一つとして挙げられるが、子どもたち自らが、より分かりやすく話すための術を見いだしていったことにここでは価値を見いだしたいと考える。

5 考察

この実践は、藤井圀彦氏が雲石「国語」の会の研修会で公開された五年生対象の提案授業から刺激を受けて行なったものである。藤井氏は説明表現の指導プロセスについて次のように説かれた。

①「○○のような」というように、全体をイメージして、頭の中に描かせる。
②上からか、下からか、書きやすい順序を考える。
③右からか、左からか、真ん中からか、読み手の心理も考えて、書きやすい順序を考える。
④まとめとして、細部についての問いかけや、確認をする。

私自身もこれまで幾度かこの種の作文指導に取り組んできた。例えば、体育の作文を書く学習のときに、「自分のやった順序に従って」書いてごらんとか、「聞こえた音などを交えて」書いてごらんとか、ある視点から自分の行動や記憶を細かく思い出すというプロセスをとらせたりしてきたことがある。これは藤井氏の説かれるプロセスで言えば、②③（「分析する」）の段階を扱っていたのであった。その前後に①や④のプロセスを加えることを、新しい提案として私は受け止めたのである。

先に見たように、まず最初に全体について述べるということは、聞き手にとってはイメージがもちやすく、極端に言えばその後の説明はなくても、同じ「かたち」がつくれるほどのインパクトがあった。

一年生という段階でもあり、それぞれがつくった「かたち」は、全くの思いつきや共通理解ができていないものであったりしたために、初めのうちは「そんなのできない」といった聞き手の声も多かった。示すものや考えていくことがらに共通性をもたせることが課題として挙げられる。

「かたちづくりゲーム」の実践は、一年生という子どもの実態を考慮し、話すこと、言い換えれば「口頭での作文」に焦点を当てて取り組んだものであったが、この学習を行ってから後、「〇〇についてかきます」という書き出しで日記を記す子どもの姿や、「〇〇かかりから、〜についてはなしますから、きいてください」といった話し方で連絡事項の伝達をする子どもの姿が見られるようになったことは収穫であった。

II 単元 ぼくたち・わたしたちの『ことばずかん』をつくろう（一、二年複式学級）

昌子佳広

1 はじめに

ある調査によると、子どもは小学校就学以前におよそ四千から五千の語彙を獲得しているということである。当然ながらそれは日常生活における話し言葉を中心としたものであり、しかも、系統的・組織的に身につけたものではないため、それぞれの言葉本来の意味や役割のほんの一部分のみを知った程度のものであるから、言葉に関する知識や感覚はまだ不十分であったり、いびつであったりすることがある。

・「きのうのよる、テレビで……」

・「すごい大きい声で……」

子どもたち（に限らないが）の会話や書いた文章の中に、このような言葉の使い方を見ることがある。「きのうのよる」の例は、意味は通るものの、「昨夜」（「ゆうべ」或いは「さくや」）という、より短く一語で述べる言葉が存在することを知らないために、複数の言葉を用いて述べなければならない（述べてしまう）例であり、獲得語彙の範囲がまだ狭いことを表している。「すごい」については、その言葉にある物事の程度をより強調するための形容のはたらきがあることを知っていても、「大きい」という形容詞につながるためには「すごく」という活用が必要であることや、或いは「すごい」という言葉の原義から考えればこのような場合に用いるのはあまり適切ではなく、むしろ「とても」という副詞を用いるべきであるといった、言葉に対する感覚が未発達であることを表している。

こうした、言葉に関する知識を体系的に身につけさせ、言葉に対する感覚をみがき、高めていくことは、国語科教育において、文学的文章や説明的文章を教材とする読むことの指導、書くことの指導、話すこと聞くことの指導の中で常に意識しなくてはならないことである。しかし、語彙や語句に関する指導というと、一般的に、知識重視のイメージが強い。教科書に説明的に記述された内容を理解する活動が中心であり、指導にかかる時数も極めて少ない。子ども自身の言語生活に立脚し、子どもが自らの言語生活をふりかえることによって、言葉に関する知識を体系づけたり、潜在的に獲得されている知識を顕在化させたりし、そうした活動を通じて子どもたちの言葉に対する感覚が高まっていくような学習・単元の工夫が必要であると考える。

2　単元の構想

以上のような問題意識のもとに構想した、低学年における単元とその実践について以下に報告したい。一・二年複式学級において構想・実践した単元である。

単元の中心的なねらいは、

○自らの日常言語生活の中で用いる言葉についてふりかえり、言葉のもつ意味や役割、性質などについての関心を深めさせる。

○言葉の意味や役割、性質などについて、書き言葉における文脈、話し言葉における会話等の中で、他の言葉や身近な事物・事象との関わりから考えようとする態度を養う。

の二点に定めた。

またここで扱う内容を、一年生、二年生のそれぞれの教科書で「言語単元」として扱われている内容にあわせ、

・さまざまなものの名前には上位・中位・下位など概念層の違いがあること（例えば「たべもの」―「くだもの」・「やさい」―「りんご」・「だいこん」などのように）

・相手意識や目的意識に応じたあいさつ言葉の違いの二つとした。

なお、単元名に掲げた「ことばずかん」とは、偕成社刊、五味太郎氏監修・制作による『言葉図鑑』シリーズをモチーフとしている。後に紹介するが、これを一部教材化し、単元全体の導入において学習材として提示している。『言葉図鑑』シリーズそのものも紹介し、自分たちの『ことばずかん』をつくろうと誘いかけたのである。

具体的には、単元全体の流れを次のように構想した。

第一次　絵の中にかくれている「ことば」をたくさんさがそう（1時間）

〈主なねらい〉

・「ことば」について考えることに興味をもつ。

・「『ことばずかん』をつくる」活動への意欲をもつ。

第二・三・四次　ぼくたち・わたしたちの「ことばずかん」をつくろう

〈主なねらい〉

・自分のつかっている「ことば」についてふりかえり、決まった観点での「ことばさがし」をし、その「ことば」のつかい方などについて、絵や文でまとめる。

○第二次　「ものの名まえ」の「ことばずかん」をつくろう（3時間）
〈主なねらい〉
・上位概念語と下位概念語に着目し、或る上位概念語に対してどのような下位概念語があるかさがし、絵や文でまとめる。
○第三次　「あいさつのことば」の「ことばずかん」をつくろう（3時間）
〈主なねらい〉
・「あいさつのことば」をくらしの中から集め、それらがくらしのどのような場面や場合につかわれるかを考え、絵や文でまとめる。
○第四次　「○○のことば」の「ことばずかん」をつくろう（3時間）
〈主なねらい〉
・自分が集めてみたい「ことば」を決め、その「ことば」のつかい方などを考えて、絵や文でまとめる。
第五次　「ことばずかん」をみんなで読もう（課外）
〈主なねらい〉
・お互いの取り組みを見合い、それぞれの言葉についての思いを深める。

3　学習活動の実際

(1)　第一次の学習から

次頁に示したのは、第一次の導入にあたって子どもたちに配付したプリント（ワークシート）である。黒板にはこれを拡大し、彩色したものを提示した。これは先に紹介した『言葉図鑑』シリーズの第一巻「うごきのことば」から、中表紙（とびら）の絵を模写したものである。

プリントにも示したように、「この絵の中にはたくさんの『ことば』がかくれているよ。どんなことばがあるか、さがしてみよう！」と投げかけた。

子どもたちの中からまず出たのは、「ケーキ」「ピアノ」といった名詞が多く、次いで「うた」という、名詞ではあるがそのものが直接に描写されないものがあった。また、「パーン」という擬音語、「うとうと」といった擬態語など、多様な言葉を見つけることができた。プリントを全員の手に配り、一人ひとりに見つけた言葉を、それが在る絵のところに書き込ませたところ、なお一層多様な言葉が表現された。その中で注目すべきは絵のうちテーブルを囲む左部分にポットからカップに何か（おそらくはお茶など飲むもの）を注ぎ入れようとしている絵があり、それについて、大部分の子どもが「いれる」と表現し、数名の子どもは「そそぐ」とし、或る子は「つぐ」としたことであった。書き込みを一時中断し、この問題を全体に取り上げた。

「そそぐ」としたK児（二年生男子）は、次のようにその考えを述べている。

> 「いれる」でもいいけど、ふでばこに鉛筆をいれるのは「いれる」で、「そそぐ」とは言わなくて、お茶とか、そういう水みたいなのをいれるのは「そそぐ」って言う。

図1　第一次ワークシート

※当ワークシートに掲載した挿絵は、偕成社刊『言葉図鑑』①「うごきのことば」（五味太郎 監修・製作 1985年）より引用したものである。

また「つぐ」としたI児（一年生女子）は、

おかあさんたちがお茶をついでって言うときがある。

と述べている。

これら二人の子どもは、日常における言語生活（読書行為も含めて）の中で、絵に描かれた状況を表現するに最もふさわしいと思われる語彙を獲得していたのであろう。この二人の考えから、「いれる」としても間違いではなく、それでよいのだが、「そそぐ」「つぐ」とした方がより適切であること（原典である『言葉図鑑』では「そそぐ」と表現されている）、さらには「いれる」という語（動詞）が示す実際の行為はさまざまにあり、「そそぐ」のように限定されることがない、広い範囲に用いられる語であることがわかった。

ここで、導入においてこの絵を学習材として用いた意図、即ち「ことば」をさがすという学習場面を設定するにあたって、この絵にはどのような教材性が含まれるかという点について述べておきたい。

一つには、不確定要素が多いことである。すべてが不確定であると言ってよい。一人ひとりの子どもが描かれた絵をどう見るか、それは多様であってよく、その見方を表現できる「ことば」も多様に生み出される点に、この学習場面での教材性がある。

二つには、前述したような「ことば」の用い方について、子ども一人ひとりが自らの言語生活を背景にして多様な考えをもつことができる点がある。このことは前述の例をもって語ることができよう。

このような教材性が生かされることによって、子どもたちは「ことば」への興味を高め、その後の学習活動に対する意欲をもつことができると考えたのである。

(2) 第二次の学習から

第二次から、『ことばずかん』をつくる活動に取り組み始めた。まず「□のなまえ」を集めてみよう、と投げかけた。図2はワークシートと指導者のつくったサンプルである。

まず、□に入る言葉、即ち上位概念を示す言葉を子どもたちに出させた。ここでは「べんきょうどうぐ」・「えをかくどうぐ」・「たべもの」「花」などが挙がった。これらの中から、自分が集めてみたいものを決めてワークシートにかき込んでいくという活動に入った。

ここで、同じものを選んだ子どもたちは、そこでグループをつくり、協同で取り組むことも認めることとした。実際には、二～三名の小グループで取り組もうとした子が殆どで、独りで取り組んだ子は一名のみであった。

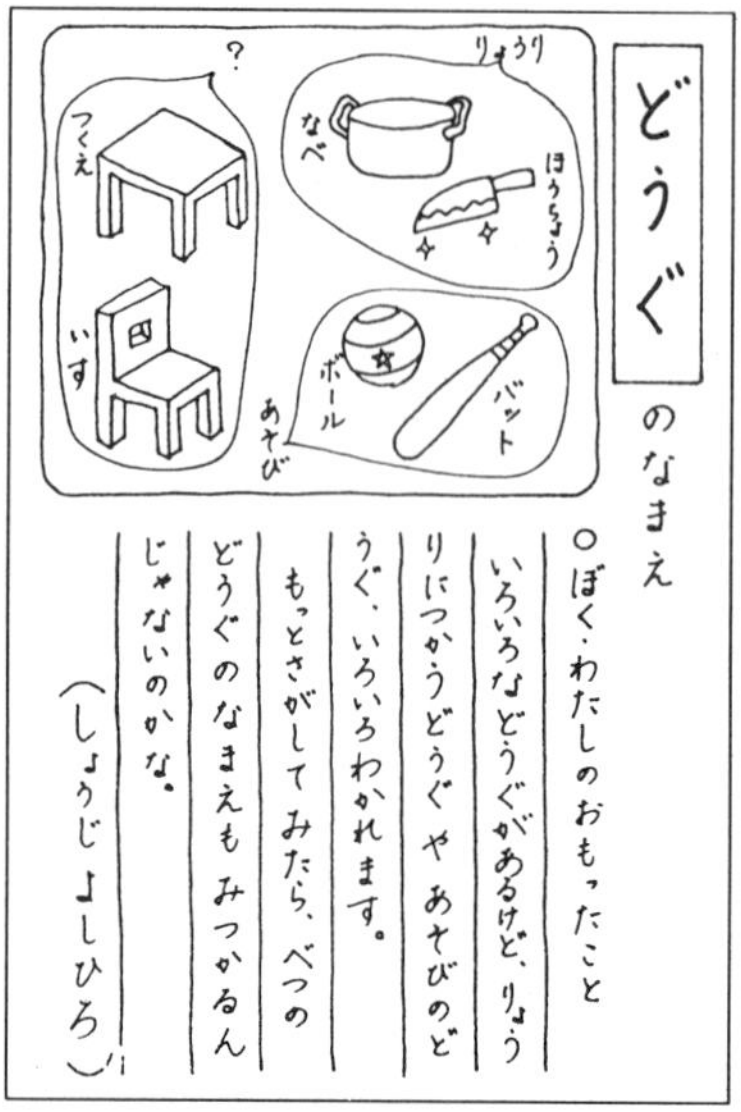

図2　第二次ワークシート
（サンプル）

この活動を続けるうち、K児（二年生男子）・Y児（一年生男子）の取り組みは注目すべき発展を見せた。二人は「たべもの」をさがし、絵を描いていたのだが、自分たちが挙げた「たべもの」をさらに「くだもの」「おかし」「ほそながいもの（後に「めん」と是正した）」に細分化したのである。つまり、「たべもの」という最上位語に対して前述した語が中位に存在し、その下位にそれぞれの名称（「りんご」「みかん」・「せんべい」「だんご」・「スパゲッティー」「そば」など）が存在するという、語句の構造を発見したのである。この取り組みは、「二人の発見」として整理して全員に紹介した。

こうした「ことば」についての学習を、知識として一方的に子どもに与えるのでなく、子どもの側から発見、獲得できるようにする形で成立させたいと願い、まず子どもに自分の考えをありのままに表現させることを出発点としたのである。

(3)　第三次の学習から

第三次では、「あいさつのことば」について、前第二次の活動と同様、ワークシートにまとめていく活動を展開した（このワークシートの形式などについては後に詳述する）。まず導入段階において「あいさつのことば」を全員で挙げていった。合計五十あまりの言葉が挙げられた。ここでは、「おはよう」「おはようございます」のように、あいさつとしての内容・機能は同じでも、言葉自体が少しでも違えば、それを一つとして数えることとしている。そこで、まず第一時には、全員で「おはようございます」という「あいさつのことば」について考えることとし、ワークシートにかく活動に取り組ませた。

二人の子どものまとめたものを紹介したい。

図3　第三次ワークシート

このように、「いつ／だれが／だれに／どんなきもちで」という四つの点について考えたのである。

第二時から、全員で挙げた「あいさつのことば」から、自分が考えてみたいものを選び、それについてワークシートにまとめる活動に取り組んだ。

こうして個の活動を一定時間とった後、考えの分かり合い、活動のふりかえりを含めて全体で話し合う場をもった。この時間では、授業に入る以前にS児（二年生女子）が教師に話したことをきっかけとして取り上げ、次のように話し合いを展開している。

〈授業記録〉

T　Sさん、初めに言ってたことをみんなにも話して下さい。

C　「あいさつのことば」なんだけど、「やあ」とか「おうい」は、何か、「かけごえ」みたいなもの。

T　Iさんは、今日、その「やあ」と「おうい」を考えました。ちょっと説明してくれるかな。

C　「おうい」は遠くにいる友達に、自分がここにいることを知らせることばで、「やあ」は近くにいる友だちに、……さっきみたいに言う。

C　久しぶりに会った友達に言うんじゃないの。

T　Kさんにね、「おうい」と同じようなことばがあるか訊いたら、Kさんは「やあ」を言ってたね。

Cm　おーい！　おおっ！　よう！……

この後、他人に対して呼びかける言葉、出会ったときに発する言葉などを口々に言い出し、騒然となった。子どもたちはそれぞれの言葉をどのような場面・状況で用いるかを、口に出しながら考えていったのである。

こうして個の思いを全体で取り上げることは、この時間の学習において、個々の取り組みの中で深められていく言葉への興味・関心という、単元全体で大事にしていくねらいに即し、それをさらに深め、高めるとともに、必然的に次の学習活動への意欲も高めることにもつながる。次時以降の活動で、子どもたちの関心の方向が、「あいさつのことば」について自分なりのある視点をもって、複数の言葉を取り上げようとする方向に向かっていったことは、この時間において「呼びかけ」或いは「かけ声」の問題を複数の言葉について検討しようとした話し合いの場面をもったことが影響したものと見ることができよう。

4　おわりに

本報告のおわりにあたり、この実践をふりかえって、若干の考察をまとめておきたい。

国語科学習としての問題意識からこの単元をどのように構成したかについてははじめに述べた通りであるが、一方、国語科という枠組みを離れて、学習一般として考えた場合、本単元における子どもの学習を支える上で、以下の諸点に問題意識を置くものであった。

①子どもの考えや方法のよさを生み出すための一人学習のあり方
②子どもが自分の思いを十分に表現できる場と教師の手だて
③考えや方法の良さを集団に広げる「分かり合い」の場のあり方
④望ましい追求の姿を広める「ふりかえり」の場のあり方

①については、②にそのまま直結し、まず子どもの思いをできるだけありのままに、ダイナミックに表現させるための場を意図的に設定することが必要であるし、またそこにおける子どもの表現から、その子の思いを読み取ること、また読み取った事実をしっかりと蓄積（記録）し、その子に対するはたらきかけに生かすということが重要

であった。

③・④については、その時間の子どもたちの動きから、単元、或いはその時間の学習においてねらいとすることに照らして取り上げるべきことがらを見出すことが必要で、それを取り上げることによって子どもの知的好奇心を揺さぶり、興味を持続させたり新たに喚起したりすることができれば、それは①・②に支えられて学習意欲を更に高めるものとなり得るであろう。

はじめに述べたように、語彙や語句の指導というと、得てして知識重視の学習になりがちで、教科書教材に述べられた説明的な記述を読み、その教材に示された若干の具体事例によってそれを確認するという学習過程をとられることが多い。こうした問題意識のもと、本実践では、一つには言葉のもつ概念層の違いを、今一つにはあいさつ言葉の機能を取り上げ、子どもたち自身が日常の言語生活において用いている言葉そのものを手がかりに、前述のような言葉にまつわる問題に触れ、考える場をつくること、つまり、子どもたちに自分自身の言語生活の洞察をうながし、ひいては、言葉に対する感覚を高め・深め、より豊かな言語生活を構築することができるよう願ったのであった。この願いが実現されたかどうかは、短期のうちに確認し得るものではなく、子どもたちの永い言語生活を通じて検証されなければならないだろう。その意味からは、子どもたちの言語生活をより豊かにしていく上で必要な素地を養う、一つのきっかけとして機能することを願うものである。

コラム
ある日の授業から

宝さがしをしよう（二年）

山内由佳

はじめに

「学校から家までの道順を書きましょう」というような教材を見かけることがある。二年生で実践してみると、方角を表す表現が未熟なので進む方向を右左で書いていこうとする子どもが多い。しかし、自分の体が向いた方向で右左が変わってしまうので思うように言い表せない。また、距離を歩数で表そうと工夫する子もいるが、長い距離では数え間違いも多くなる。こういった問題点をふまえて取り組んだ実践である。

授業の実際

①「宝さがしゲーム」をします。校舎内に宝を一人一人が隠します。教室をスタートにして宝までの道順を説明する文を書きましょう。（二時間）

校舎内の地図と文章を書く用紙を渡して書かせた。教室の外へ飛び出し、宝の隠し場所までの様子を調べながら書いたりした。

②「宝さがしゲーム」を始めます。制限時間は十分です。このゲームは、宝を見つけてもらえた人数の多い人が勝ちです。（一時間）

③宝探しをしてみて、友達の作文の中でこの書き方はわかりやすかったな、工夫してあるなと思ったところはありませんでしたか。（二時間）

［子どもたちが見つけた書き方のポイント］

・周りにある物や教室など、目印を書くこと

・何歩ぐらい歩くか、距離を書くこと

・どちらに歩くか、方向を書くこと

子どもたちは、実際に歩いた体験から、道順を人に伝えるためにはどういう書き方をすればよいのかを考え、説明のよさを見つけていった。

応用

三年生の社会科で、学校の周辺を探検して地図作りをする学習をした。その時、「自分のお気に入りの場所を紹介しよう」と題して、学校からお気に入りの場所までの道のりを説明する文を書く学習を試みた。三年生になると、方向を東西南北で表したり、距離をメートルで表したり、表現が豊かになっていることが分かる。目印になるものもたくさん書いている。建物だけでなく、田畑なども。また、道路の両側の様子も書いている。さらに、上り坂、下り坂、平坦な道といった道の様子や、何番目の曲がり角という細かい所まで書く気配りがある。発達段階に応じて、道順説明文はどの学年でもおもしろい教材になるのではないか。

III　単元　せかいでひとつだけのえほんをつくろう（一、二年複式学級）

金山剛志

1　単元の目標

○いくつかの絵を使って、自分の考えたお話作りに、進んで取り組むことができる。
○自分が並べた絵の順にしたがってお話の筋を考え、登場人物や場面の様子について書くことができる。
○登場人物やまわりの様子を表す言葉を絵を手がかりに見つけ、お話を作るときに使うことができる。
○「は」「へ」「を」といった助詞を、文の中で正しく使うことができる。

2　単元の構想

休憩時間、教室の片隅で数名の子どもたちが顔を寄せ合って何かに夢中になって取り組んでいる。何をしているのか気になって覗いてみると、自由帳に自分たちで考えたお話を書いているところだった。鉛筆を持ってお話を書き続ける子の周りで、もっとこうしたらいいとアドバイスをする子ども、お話に沿って絵を描いていく子どもなど、それぞれに分担された仕事があるようであった。「できたら見てね。」私の顔を見て、子どもたちの明るい声が返ってきた。

自由な発想がそのまま生かされるこのようなお話づくりの活動。自分の思い描いたことを、そのまま言葉や絵で表現していくことの楽しさが、この活動を支えていくのであろう。また、周りで見ている子がいろいろとアドバイスを送る姿からは、ただ何でも表現すればよいのではなく、もっとおもしろくするための工夫といったものを子どもたちは知っているということが分かる。

本単元では、前述したように楽しく学習を進めていくことのできるお話づくりを通して、子どもたちが何気なく使っている表現のよさや文章を書くときの決まりについて学習し、子どもたちの文章表現力をより豊かにしていくことを主なねらいとした。

次の図①～図④の絵は、本単元において子どもたちがお話づくりをしていくときに使うものである。教科書教材「こんなお話を考えた」（光村二年下）に掲載されているこの絵は、とてもカラフルで、登場しているわにや小鳥た

図①

図②

図③

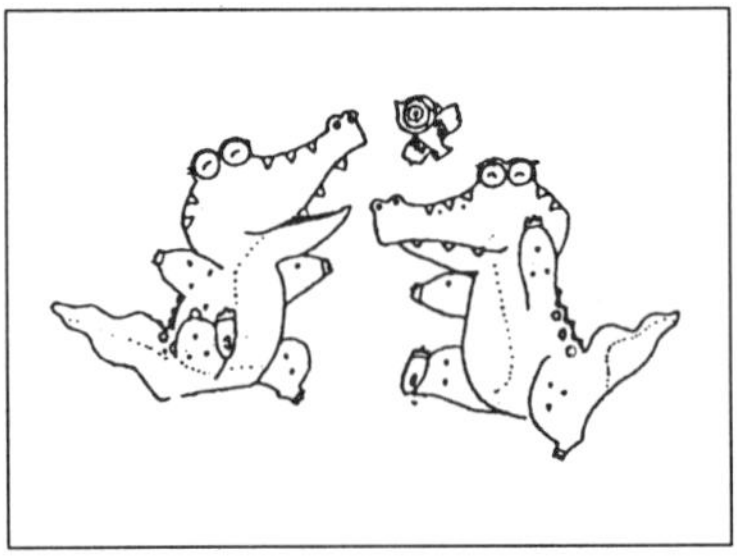

図④

注　図①～④は光村図書刊小学校用国語教科書（二年下）『赤とんぼ』所収教材「こんなお話を考えた」（中村景児絵）を引用

ちも大変かわいらしいキャラクターとして描かれている。この絵をもとに自分だけの絵本をつくっていくというめあてを子どもたちにもたせ、話の展開を考える際、その絵を並べ替えてみたり、絵の中のわにや小鳥の表情などから、どのような会話をしているのかを想像したりしていくものとして利用していった。最終的には絵本の中の挿し絵として使い、絵本づくりのために役立てていったのである。

3　単元展開計画（全十一時間）

第一次　（二時間）

○絵をもとにお話づくりをすることを知り、その作り方について学ぶ。

・教科書に載っているお話を読み、絵を使ってお話をつくっていくことを知る。

・登場するわにや小鳥が何をしているのかについて考え、絵を見て簡単に話し合う。

第二次　（七時間）

○自分で絵を選択し、話の筋を考える。

・登場するわにや小鳥に名前を付けたり、どのような関係なのかを考える。

・四種類の絵の中から、自分がお話づくりに使おうとする絵を選び、話の大筋を決める。

○友達の考えに触れ、その表現のよさや面白さを感じ取り、自分のお話の中に取り入れるなどして、お話を完成させる。

・お話作りを進めながら、途中で友達と進行状況を確かめ合ったり、作品を読み合ったりする。この活動を二～三回繰り返す中で、お互いのよい表現やおもしろい部分などを認め合いながら、自分自身の作品の見直しをしていくことができるようにする。

第三次　（二時間）

○お話を画用紙に書き写して絵本を完成する。

・二つ折りにした画用紙にお話を書き写すとともに、絵を貼り付け絵本を完成させる。（絵や文字のレイアウトを考えながら行う）

○でき上がった絵本を読み合い、感想を書く。

・できるだけ多くの友達の作品を読み、読んだ感想を書いて渡していく。

4　授業の実際

(1)「どうして二回使ってあるの?」

第一次、第二次の前半において学習の見通しがもてた子どもたちは、それぞれにお話づくりに取り組んだ。ここで紹介するのは、N子（一年）のつくったお話の中から、「いいところ（表現）をたくさん見つけ出す」活動における子どもたちの取り組みである。

資料1　N子（一年）が書いたお話

わっくんとにっくんのたのしい一日

一年　N子

「おはようにっくん」

はやおきのわっくんは、にっくんをおこそうとして、おおごえをだしました。

N子の使った絵

けれどもにっくんは、「もうちょっと　もうちょっと」

「わかったよ。つぎおこしにきたらおきてね。」といっていってしまいました。

つぎにおこしにきました。

「おきて　おきてにっくん。」

「わかったよ。」

といっておきました。あさごはんをたべて
「さああそびにいこう。」

といいました。


（改行については教師が一部修正して提示）

N子の文章の中からは、次の三点を価値ある表現としてとらえ、これを他の子にも伝えていきたいと願って、授業の中で取り上げることにした。

i　会話文をたくさん使っている点
ii　会話文から書き始めている点
iii　くり返しの表現を用いている点

以下に紹介するのは、この時間の授業記録である。

T　Nちゃんが書いたこのお話のいいところをね、どんなところがいいのかなっていうところをね、たくさん見つけてほしいと思います。
C　はい。
T　じゃあ、F男くん。
C　あのね、おはようとか、前にだれかが、何か、だけん一日の朝の話だって分かる。

（中略）

C　F男くんが言ったようにね、おはようって言ったら誰に言ってるか、誰が言ってるか分からないけど、でも「おはようにっくん」とか言ったら誰に言ってるか分かる。
C　先生、すごいなってとこでもいい？
T　いいと思うよ。K子ちゃんが言ってくれたことは確かにそうだね。それに気が付いたってこともすごいね。他に？　Fちゃん。
C　あのね、大声を出しましたっていうとこで、本当に寝ぼけている人を起こすには、大声を出さなくちゃいけないから……。
T　なるほど。K子ちゃん。
C　あのね、二個いい？　教科書をまねしてるとこ。
T　どのへんまねしてるの？
C　最初のへん。その次にいっぱい教科書をまねしていない話をいっぱい考えててすごいと思う。
T　ここは（一行目を指して）教科書をまねしてるけど、後は自分で作っているからすごいんだね。
C　それからね。なんかかっこをね、ちゃんと忘れないようにいっぱい書いてるからすごい。

T　かっこをたくさん使ってるんだね。かっこを使っているところはここにあるね。他にある？

C　はい！　はい！　はい！

N子の文章のいいところとして、K子（一年）は次の二つの点を見つけだした。一つは教科書を参考にしながら（書き出しを会話文から始めているところ）も、教科書とはまた違うお話をつくり出している点。二つ目は、会話文をたくさん書いている点（かぎ括弧を忘れずに使っているところ）である。K子が見つけた「N子ちゃんのいいところ」を表現のよさとして教師も重ねて認めていった。

このような活動をくり返し行い、それを積み重ねていくことによって、子どもたちが表現の価値を共有し、自分なりの表現を求めていく姿を願ったのである。教師が一方的によさを子どもたちに伝えるのではなく、子どもたちが自ら見つけてきたよさを積み重ねていくことの方が、より主体的に表現に関わっていこうとする姿を求めていくことになるのではないかと考えたのである。

次にくり返しの表現について、子どもたちとともにその表現のよさについて考えていった場面の記録を紹介する。

C　先生、あと気づいたことがあるんだけど……。

T　うん。M子ちゃん。

C　あのね。N子ちゃんのやつね。「もうちょっと　もうちょっと」とかね、「おきて　おきて」がね二回使ってあるよ。

T　ほう。

C　そうしないと起きないから、だからそうやって使ってある。

C　「おきろー　おきろー」とかね……。

（中略）

C　先生、何でN子ちゃんって二つ使ってるの？　ちょっと聞いてみたい。
T　どれ？
C　「もうちょっと　もうちょっと」とか。
T　N子ちゃん、どうしてくり返して使ったの？
C　あのね、自分がそうだから。
T　あーそうか。自分がそうだからか。だけど、「もうちょっと」と言うのと「もうちょっと　もうちょっと」と言うのとはどう違う？　一回しか言わないのと、二回言うのとは違う？
C　私なら、一回しか言わんよ。
C　一回だと起きてくれないけど、二回言えば、起きてくれるかも知れない。
C　「もうちょっと　もうちょっと」なんだけどね。「もうちょっと」って言って聞こえなかったら何回も言わなくちゃいけないでしょ。
T　「もうちょっと　もうちょっと」とか「おきて　おきて」ってくり返し言うのは……。
C　すごい分かってほしいから。
T　そうだね。分かってほしいとか、強く言いたい。それはなんか自分の気持を強く伝えるためにするんだね。

ここでは、特にM子（二年）の気づき（疑問）から、くり返しの表現の効果について確認をすることができた。N子は特にくり返しの表現の効果について十分理解して使っていたわけではなく、日常の会話の中で使っている表現として、お話の中にも使っていたのであった。それは、傍線部で「あのね、自分がそうだから。」と答えていることからも明らかである。普段、何気なく使っているくり返しの表現にM子が気づいたことで、その表現の効果について全員で考えていくことができた。そして「自分の気持ちを強く伝えたいときに使う」と、この表現のよさについて見出していくことができたのである。

N子のお話のいいところを見つけていく活動はここで終了し、次に自分のお話の続きをつくっていく場面へと移った。次の授業記録はその時のものである。

C　先生、友達のいいところとかまねしてもいいの？

T　あの、H子ちゃんが言ってたけど、いいところはどんどんまねしていいと思います。

C　だから、N子ちゃんのくり返しとか……。

C　まねしたっていいの？

T　教科書のまねしてもいいし、今日は、N子ちゃんのいいところをたくさん見つけたから、それをまねしてもいいですよ。

子どもたちは、授業の中で見つけた友達の表現のいいところを積極的に取り入れようとしていた。友達のまねをするということに、やや消極的な態度を見せていたが、ここではよさを共有していくという立場から、「まねをしてもいいんだよ。」という言葉で子どもたちに働きかけていった。

この日、N子は次のような日記を残している。

N子（一年）

きょうは、一、二じかんめのこくごでおはなしづくりをして、わたしのをせんせいが大きなかみにわたしのおはなしをかいてくれて、いろいろくふうとたのしいことをみんなにいってもらってうれしかったよ。

12/3

子どもにとって、自分の書いた文章を全体に紹介してもらうことはやはり大きな自信になることである。今回はそれに加えて、自分の文章のいいところを友達にたくさん見つけてもらうことができたという点も、大きく影響しているはずである。友達との関わりで自らの表現を見直すことができたうえに、自らの表現に自信を持つことができたのである。

(2)「ぼくのお話にはかぎはつかないの?」

M男（一年）は、第二次の第六時間目に次のようなお話を作ることができた。

資料2　M男（一年）が書いたお話

（一枚目）

キャラメルちゃんとヘナチョコくんがうみであそんでいました。キャラメルちゃんはうみがにがてです。ヘナチョコくんはうみにとびこんでさきにいってきました。キャラメルちゃんはさきにいかないでよ〜。といいました。

うみはどこまでもどこまでもつづいてんだわよ〜。ヘナチョコくんはくんくんといっていました。

（二枚目）

うみからやっとあがってきました。ヘナチョコくんはあそぼうようっていいました。でもキャラメルちゃんはさっきわたしだけあそんでいなくてつまらないね。わたしねむいからねる。

（※波線部は筆者による）

M男の使った一枚目の絵

M男の使った二枚目の絵

資料2の波線部について、M男は全て会話文として表現しているはずである。しかしこれを読む人の立場で考えると、どうにも読みにくいものになってしまう。そこでM男にはかぎ括弧の使い方について気づかせていきたいというねがいから、次の文章を使って学習することにした。

資料3　第二次「友達のおはなしのいいところをたくさんみつけよう」（二回目）で提示したM子（二年）の文

「あっ、お兄ちゃんどこいくの？」

「海でちょっとおよいでくるよ。」

M子の使った絵

「わたしもいく〜。」

キャンディーちゃんはあいかわらず、あまえています。

ドッブーン！　元気よく、バンバンくんが、海にとびこみました。

「わ〜。」

水しぶきがとび、キャンディーちゃんが、ひめいをあげました。

「へへっ、よわむしだな〜。」

バンバンくんはとくいになって、キャンディーちゃんに水をかけました。

「やったな〜!!」

バッチャーン！　こんどは、水しぶきはあがりませんでした。足から入ったからでした。


資料3についても、前回のN子の時と同様にいいところをたくさん見つけていく活動を行ったところ、早い段階で「かぎがたくさん使ってあっていい」との意見が子どもたちから出された。M男は、自分の書いた文章の中にかぎ括弧がないことに気づいた様子で、個別に活動に取り組んでいる際、自ら次のように話しかけてきた。

先生。ぼくのには、かぎはつかないの？　ぼく分かんないよ。

そこで、M男にはあらためて資料3に目を向けさせることにした。以下、個別対話の場面である。

T　M男くんのにもちゃんと使えるところがあるよ。M子ちゃんのにもたくさん使ってあるけど、お話をしてるところで使ってあるんだよ。キャラメルちゃんやヘナチョコくんがお話ししているところ見つかるかな。
C　う〜ん。わかんないなあ。
T　「といいました。」って書いてるでしょ。これ、誰が言ってるの？
C　キャラメルちゃん？
T　そうだね。だから、この「さきにいかないでよ〜。」のところにかぎがつかえるんだよ。
C　（しばらくして）じゃあ、だれかが話してるところに使えばいいの？
T　そうだよ。まだたくさんあったから、見つけてつけてみてごらん。
C　分かった。やってみる。

この時間が終わる頃、M男はもう一度確認をするために教師のところへ来た。かぎ括弧が必要だと思われる場所に全てかぎをつけることができたので、そのことを認めた。

M男にとっては、かぎ括弧の使い方や意味が十分に理解できていなかったことが、使えなかった大きな理由であった。この学習を通して、その意味や使い方について確認することができたことは、この子にとって大きな収穫であったと考える。

5　学習を通して

単元の最後に、お話づくり（絵本づくり）をしてきた感想を書かせたところ、M男は次のような感想を書いていた。

> かぎかっこをつけるところがむずかしくて、名まえをつけるところとかすずめの名まえをつけるところがむずかしかったよ。
>
> M男（一年）

このお話づくり（絵本づくり）は、子どもたちにとって、とても魅力のある楽しい活動であった。そして、その活動とともに友達の表現のいいところをたくさん見つけだしていく学習を通して、いくつかの表現の価値を見つけだしたり、表記上の約束について学んだりすることができた。M男はかぎ括弧の使い方について難しかったと学習後の感想の中に書いたが、M男にとっては、この学習を通してかぎ括弧の使い方を学ぶことができたのである。

今後の課題としては、子どもたちの書いた文章の中から見出した価値ある表現を、子どもたちにより分かりやすく伝えていくために、授業の中でどのように取り上げていけばよいのかという点が挙げられる。子どもたちの意識を、価値ある表現へと向けていくためにどのように取り上げていくのかという点について、今後さらなる研究を重ね、明らかにしていきたいと考える。

IV 単元 名前のひみつを調べよう（四年）

松田武彦

1 はじめに

同僚と子どものころの話をしているとき、同じ島根県東部に育ちながら、同じものを違った呼び名で呼んでいたということに気づき驚いたことがある。調べてみると、私の勤務校の校区内に限っても、山や川で区切られた地区ごとに呼び方が異なっているものがあった。世代や家庭によって差はあるが、たとえば、「トウモロコシ」のことを「タータコ」、「ナンバギン」、「トウキミ」……などいくつかの俗称で呼んでいたことが分かってきた。

さまざまな呼び名の分布する理由や歴史的変遷などについて解明することは子どもたちの力に余ることであろうが、身近な事物が全く別の名称で呼ばれていることを知り、その分布や理由を考えたり、調べたりする学習は、「ことば」に対する子どもたちの興味を引き出し、また、「ことば」の学習から逸脱しない「調べ学習」として成立するのではないかと考え、教材として設定した。

2 単元の目標

身の回りのものに対する呼び方の違いを調べ、まとめる活動を通し、ことばに対する興味、関心を育てる。

○教材文「ものの名前」（光村・四年）を読み、説明されていることがらや、筆者の考えを読みとる。

○ものの名前に興味を持ち、呼び方の違いや変化について自分なりの考えを持ち、調べようとする。
○家の人や近所の人に聞いたりして、ものの名前の呼び方の違いを調べることができる。
○自分が調べたことを、図や表を使い、調査作文にまとめることができる。

3　単元の計画

○第一次
・教材文「ものの名前」を読み、ものの名前には形からつけられたもの、性質からつけられたものなどがあることを知る。……………5時間
・各自が面白いと思った名前を探し出し、なぞなぞ風の問題を作る。……………1時間
○第二次
・ものには、地方や世代によって違う呼ばれ方をするものがあることを知り、その理由を考える。……2時間
・自分の予想をもとに、家族や知り合いに聞いたりして身近なものの呼ばれ方を調べる。（課題・家庭学習）
・自分の調べた結果をもとに、表や図を使って調査作文にまとめる。……………5時間
○第三次
・各自の調査作文を読み合い、友達の考えやまとめ方を知るとともに、名前の呼ばれ方の違いについて考えを深める。……………2時間

4　第二次の実際

(1)　学習指導案（第一時）

実施日　平成十一年七月十四日（火）

○同じものなのに、地方や世代によって違う呼ばれ方をするものがあることを知り、なぜ違う名前で呼ばれるのか考える。

資料1　「名前のひみつクイズ」の用紙

なまえのひみつをとかきあかそう

番　名前

次のような理由で名前をつけられたものを、
後ろから選んでその記号を書きなさい。
（内は、問題を作った人）

例（健太、慶一郎）
竜（たつ）の子どものようなすがた、かたちなのでこの名前になりました。（記号　）

①（彩、恵里香）
象のようにながいくちをもっているから、なまえをつけられました。（記号　）

②（幸佳、百合子）
すずのようにきれいな声で鳴くので、なまえをつけられました。（記号　）

③（千春、静香）
むかしのお金、こばんのような形をしているからつけられました（記号　）

④（冴香、智美）
すずみたいな実をつけるのでつけられました。（記号　）

⑤（直哉、千春）
つかまったハエが、死んでしまうのでこの名前になりました。（記号　）

⑥（恵里香、怜）
ぼくのなきごえが仏さまに関係しているので、この名前になりました。（記号　）

⑦（華穂、晃子）
サルのおしりのような真っ赤な花をさかせるし、葉っぱがつやつやしているのでこの名前になりました。（記号　）

Ⓐさるすべり　Ⓑほとけのざ　Ⓒありじごく
Ⓓぞうむし　Ⓔこばんそう　Ⓕすずかけのき
Ⓖたつのおとしご　Ⓗみんみんぜみ　Ⓘはえじごく
Ⓙすずむし　Ⓚおにやんま　Ⓛぶっぽうそう

学習活動と予想される児童の反応
1　「名前のひみつクイズ」を考える。 前時、児童が作った問題をもとに、その名前の由来を考える。 2　同じ物なのに、違う呼び方があることを知る。 ・「トイレ」に対する様々な呼び方があることを知り、それがどのような意味をもっているか予想する。 後架　御不浄　憚り　雪隠　手水　厠　手洗い 便所　Ｔｏｉｌｅｔ　ＷＣ ・トイレ以外でも違う呼び方をされているものがあることを知る。 エノハ　ヒラメ　ヤマベ　ヤマメ

調べた人	聞いた人	住んでいた場所	呼び方
智美	お母さん	三成	トウモロコシ
幸佳	お父さん	三成	トウモロコシ
幸佳	おばあさん	日登	タータコ
幸佳	おじいさん	三成	ナンバギン
雅孝	おじいさん	日登	トウモロコシ
雅孝	おばあさん	三所	タータコ
恵里香	おばあさん	三成	トウトキビ
恵里香	お母さん	三成	トウキミ
冴香	お母さん	大田	マンマンコ
華穂	おばあさん	比田	キミ
達也	お父さん	三成	タータコ
慶一	お父さん	三成	タータコ
慶一	お母さん	韓国	オックスッス
彩	お母さん	三成	トウモロコシ

呼び方がちがうわけ（予想）

○場所によってちがう・・・・・・・十七人
- ・いなかと都会でちがう
- ・方言のように地方でちがう

○昔と今でちがう　・・・・・・・・二人
- ・時代でちがう
- ・その人の年でちがう

○言いまちがい、聞きまちがいが元になって新しい呼び方ができた・・・十人

○呼び方が一つだとわすれるから、別の呼び方を考えた・・・・・・・三人

資料2　トウモロコシの呼び方（板書記録）

3　違う呼び方がされる理由を考える。
- ・難しいことばがあるから、むかしの呼び方
- ・英語みたいだから、外国の人向け
- ・人によって呼び方が違う
- ・県や地方など、場所によって呼び方が違う
- ・男と女で呼び方が違う
- ・子どもと大人で呼び方が違う
- ・昔のさむらいとそうでない人で呼び方が違う
- ・昔と今で呼び方が違う

4　身近なもので、違う呼び方があるものについて調べようとする意欲を持つ。

トウモロコシの呼び方を知る
- ・タータコ
- ・ナンバギン
- ・トウモロコシ

この授業後、子どもたちは家族に子どものころのトウモロコシの呼び方を聞き、次の日から報告が相次いだ。そして、「トウモロコシ」の呼び方としてこの地域では次のようなものがあることが分かった。

タータコ、ナンバギン、トウキミ、キミ、トウトキビ、トウモロコシ、オックスッス、マンマンコ

（オックスッスは、韓国の呼び方。マンマンコは、この時点では島根県大田市の呼び方という情報であったが、後の調べ学習で戦前の中国大連市での呼び方と分かった）

これをもとに、「なぜ同じものなのに呼び方が違うか。」予想させたところ、

・年令によってちがう（生まれたときがいつ頃か）。
・すんでいる場所によってちがう（町や地区によって）。
・言い間違いや聞き間違いがだんだん大きくなった。
・一つの名前だと、もし忘れたときに困るから、わざとちがう言い方を考えた。

などの意見が出された。

名前のひみつちょうさカード　調べた人
聞いた人の性別（　男　女　）
聞いた人の年れい（～だいのように）　　才だい
今すんでいる場所　　県
子どものころすんでいた場所　　県
◎トウモロコシの呼び方について
子どものころのよび方
今のよび方
◎ノコギリクワガタ（オス）のよび方について
子どものころのよび方
今のよび方
◎ミヤマクワガタ（オス）のよび方について
子どものころのよび方
今のよび方
◎クワガタ（メス）のよび方について
子どものころのよび方
今のよび方
◎カメムシのよび方について
子どものころのよび方
今のよび方
◎子どものころ、どうしてそうよんでいましたか。もしわかれば教えて下さい。

資料3　名前のひみつ調査カード

(2) 調べる

子どもたちのものの呼び方に対する興味、関心も高まってきたので、家族や知り合いの人に聞き、名前の呼び方を調べる活動を設定した。旧盆の風習が残るこの地方では、夏休み中に親戚の帰省者が多く、いろいろな人に出会うチャンスがあるため、調べ学習は夏休みの課題とした。また、子どもたちに身近であり多様

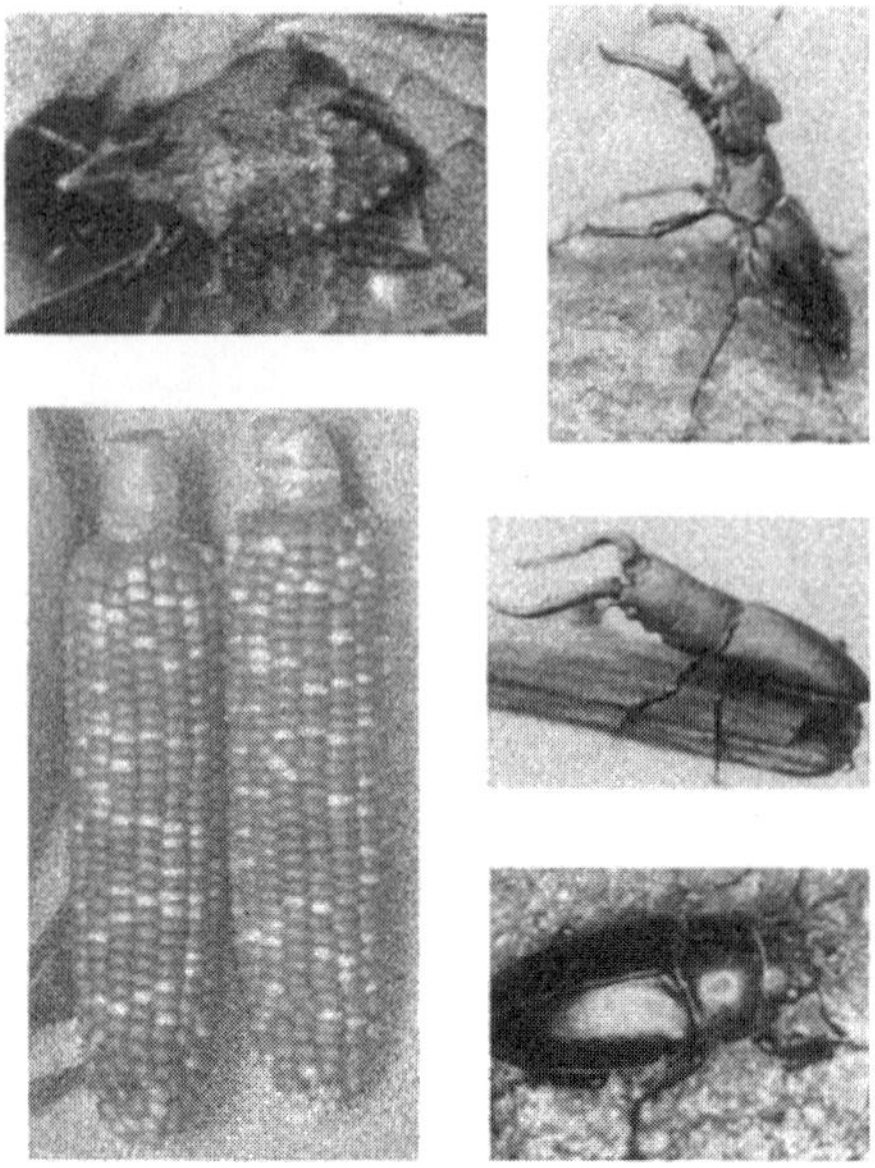

資料４　調査に用いた写真

な呼び方があることから、トウモロコシの外に「ノコギリクワガタ」「ミヤマクワガタ」「カメムシ」の呼び方を調査対象に加えた。

　各自の予想から、呼び方以外に何を聞いたらいいか考えさせたところ、

・生まれた年　・住んでいた所　・性別

があがったので、これも調査内容に加え、調査用紙と写真を用意した。（実際の調査は、写真を示し「この虫を、子どものころなんと呼んでいましたか。」という形で調査を進めるよう指示した。）

　二学期になって聞いてみると、家族、親戚はもちろん、大型店で出会った外国人に話を聞くなど、各自がそれなりに楽しく調査を進めることができたようであった。

(3)　まとめる

　夏休み明け、それぞれが調べた名前を整理することからスタートした。指導者としては、子どもたちのカードから名前の呼ばれ方の一覧表を作成し、子どもたちの求めに応じて、その結果を提供した。

　この作業を通し、子どもたちは、まず、予想以上に多くの呼び方があるのに驚きをあらわした。また、整理が進むにしたがい、自分の予想とはちがう結果に当惑を浮かべる姿も見られた。

ミヤマクワガタの旧名（年令による集計）　※単位（人）

呼び方	70代	60代	50代	40代	30代	20代	合計
オナミ	3	1	1	1			6
カブトムシ		2			1		3
クマデ		2					2
クワガタ		3	3	6	12	4	28
クワガタオス					2		2
クワガタカブトム				1			1
ケットンブンレ					1		1
ケンツケ			1				1
ゲンジ				1		1	2
コッテイ			1		1		2
ジイサン					2		2
ジーカマ			1				1
タケダ		2					2
タケダのオス		1					1
ノコギリクワガタ				1			1
ハサミ					2		2
ホンカブト			1				1
マクラ	2		2	6	11	1	22
マクラムシ				1			1
マックラダイ				1			1
ミヤマ		2		2	3	1	8
ミヤマクワガタ	1			3	3	2	9
beetle						1	1
合計人数	6	13	10	23	38	10	100

資料5　ミヤマクワガタの旧名（授業者から提供したまとめ）

(4)　調査作文を書く

調査作文については次のような項目案を示した。

- 呼び方（名前）がちがうことについての予想
- その名前を調べようと思ったわけ
- 面白かったこと、困ったことなど
- 調べた結果（表、図、グラフ）
- 調べた結果わかったこと
- 予想とくらべてみて
- 新しくわかったことなど
- この勉強をした感想
- 「名前のひみつ」について、これからやってみたい勉強

この学習から生まれた子どもの作文例をあげておこう。

〔作文例　A児〕

ミヤマクワガタの呼び方

私は、まくらやカブト虫など、おもしろい名前がたくさんあったので、この名前を調べました。

私は、呼び方がちがうのは、聞きまちがえたり、言いまちがえたりしていたので、呼び方が、ちがうのではないかと思いました。

調べた方法は、アンケート用紙を先生からもらって、その紙を、お父さんやいとこなどに書いてもらいました。その中に、**まくら**について書いてありました。まくらと呼んでいたのは、ミヤマクワガタのはさみのねもとのふくらんだ所が、まくらみたいだったから、と書いてあって、とてもよくにていました。私は、聞きまちがえたりしているのは、やっぱりちがうのかもしれないと思いました。でも、まだ分からないので、表にしてみました。

私は、この表を見て聞きまちがえたり、言いまちがえたりしていないのかが分かったので、場所ではないかと思ったので、次は場所について調べました。

表(図)　ミヤマクワガタの呼び方(聞きまちがえ)

～年ごろ	昔の呼び方	今の呼び方
S54年	まくら	まくら
S54年	クワガタ	クワガタ
S54年	クワガタ	ミヤマクワガタ
S54年	まくら	ミヤマクワガタ
S54年	ミヤマクワガタ	ミヤマクワガタ
S54年	クワガタ	クワガタ
S54年	クワガタのオス	クワガタのオス
S44年	クワガタ	クワガタ
S34年	クワガタ	クワガタ
S14年	まくら	カブトムシ
S14年～S54年	まくら	ミヤマクワガタ
S4年	ミヤマ	ミヤマ

次の図を見て、まだちょっと分からないから、地図で調べることにしました。

私は、字だけで書いても、どこの辺の所か分からなかったので、(昔住んでいた所) 地図でも調べました。左の地図が調べた結果です。

表(図) ミヤマクワガタの呼び方(場所について)

昔住んでいた所	昔の呼び方
三成	まくら
うね	クワガタ
ひだ	クワガタ
横田	まくら
おき	ミヤマクワガタ
出雲市	クワガタ
大田市	クワガタのオス
松江市	クワガタ
阿井	クワガタ
仁多	まくら
島根県	まくら
いいし郡	ミヤマ

地図の表(昔住んでいた所)

私は、この地図を見て、すごく分かりやすくなったと思います。それで、私は、場所ということが分かったので、まとめをしてみました。次の表がまとめです。

まとめ(きまったこと)

	仁多町	ひだ	松江市	出雲市	大田市	飯石郡《いいしぐん》	おき
呼び方	まくら クワガタ	クワガタ	クワガタ	クワガタ	クワガタのオス	ミヤマ	ミヤマクワガタ

◎気づいたこと。

・島根県だけでも、いろんな呼び方があった。

・クワガタと呼んでいる所が多かったので、私は、だいたいの人は、クワガタをつけているくせがあるんじゃないかなと思いました。
私は、ミヤマクワガタの呼び方を調べて、たいへんだったけれど、呼び方がみんなちがっておもしろかったです。まだまだ呼び方がたくさんあると思うので、また調べてみたいです。

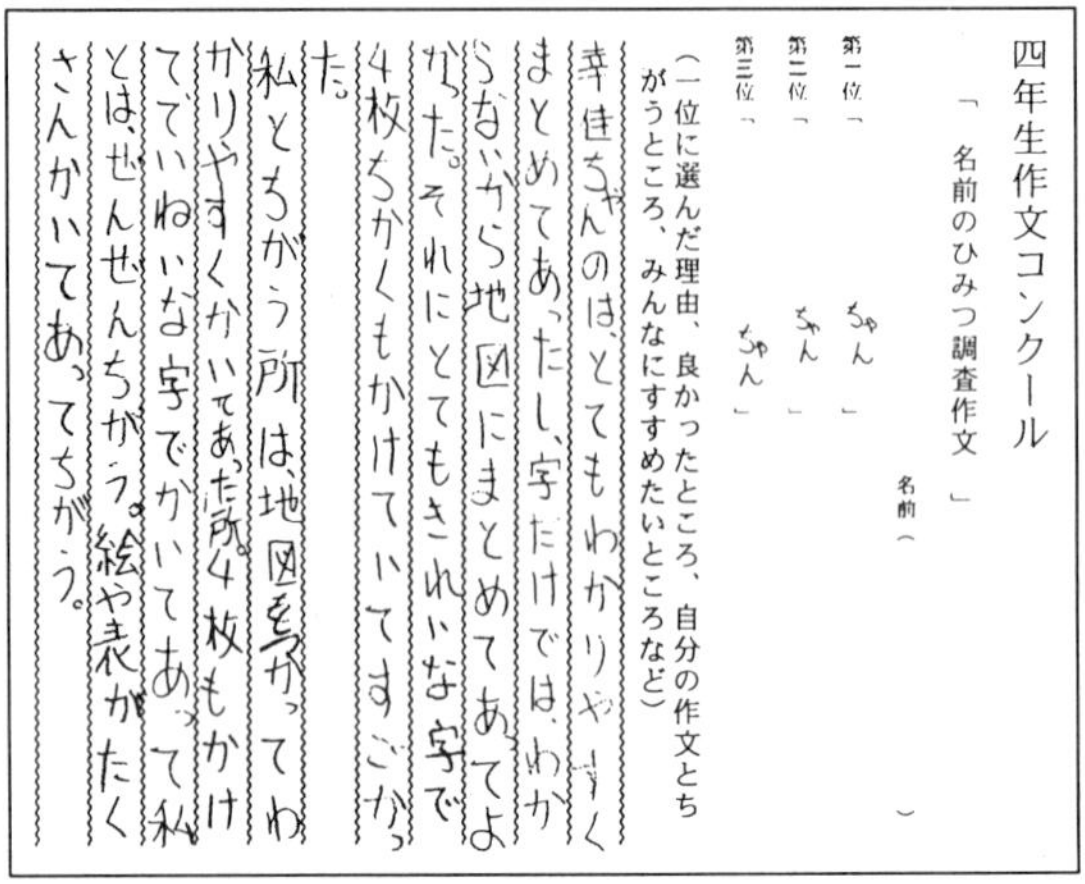
四年生作文コンクール

「　名前のひみつ調査作文　」　名前（　　）

第一位「　ちゃん　」
第二位「　ちゃん　」
第三位「　ちゃん　」

（一位に選んだ理由、良かったところ、自分の作文とちがうところ、みんなにすすめたいところなど）

幸佳ちゃんのは、とてもわかりやすくまとめてあったし、字だけではわからないから地図にまとめてあってよかった。それにとてもきれいな字で4枚ちかくもかけていてすごかった。
私とちがう所は、地図をつかってわかりやすくかいてあった所。4枚もかけてていねいな字でかいてあって私とは、ぜんぜんちがう。絵や表がたくさんかいてあってちがう。

資料６　名前のひみつ調査作文コンクール投票例

5　第三次の実際

全員の作文が完成したところで、一冊の文集にまとめ、全員で読みあった。そして、友達の作文の中で一番いいと思う作文を選び、その作文の推薦文を書く活動を行った。その中で、もっとも支持を受けたものが、例示の作文である。この作文に対し、子どもたちは、

・わかりやすくまとめてある。
・表だけじゃなく、地図があってよくわかる。
・いろいろ考えたことが書いてある。

などの理由を挙げ、その良さを認めていた。

6　おわりに

この授業を通して、言語事象のとらえ方や、国語科における調べ学習の進め方について子どもたちも、また、私自身も多くのことを学んだ。それは、「身の回りのことば」を題材とし、「ことばについて調べる」活動を通し、「ことばについて考え」、「ことばで表現する」という、国語科の特性を生かした、「ことば」の学習から逸脱しない「調べ学習」を成立させなければならないということである。

コラム
ある日の授業から

「ほかほか」「ふんわり」あたたかい（二年）

藤原さり

「うめの花とてんとう虫　工藤直子作」（東京書籍　新しい国語二年下）を学習しているときである。この物語に次のような文章が出てくる。

その夜、てんとう虫は、うめの花につつまれて、ほかほかとねむりました。
うめの花も、てんとう虫といっしょにいて、ふんわりあたたかでした。（波線筆者挿入）

子どもたちは、「**ほかほか**」も「**ふんわり**」も「あたたかい感じがする」と言っていた。そこで、それぞれどんな言葉につけるか考えてみた。

（子どもたちの見つけた言葉）

ほかほか→ひつじの毛
マフラー
ごはん

手ぶくろ
ベット
ひなたぼっこ
こたつ
おいも
ストーブ
耳あて
ココア
……など

これらの言葉から、子どもたちは、「『ほかほか』はあたたかいものにつける」と考えた。また、「ごはん」、「おいも」、「ココア」など食べ物につくことに着目し、「おいしいものにつける」と考えた子どももいた。

一方、「ふんわり」は次のようになった。

（子どもたちの見つけた言葉）

ふんわり→たんぽぽのわた毛
雲
毛布
ぬいぐるみ
犬の毛

春の風
わたがし
タオル
マフラー
毛糸
アイスクリーム　　……など

「**ふんわり**」をあたたかい感じと考えていた子どもたちは、ここで「あれ？」と立ち止まることになった。なぜなら、冷たいはずの「アイスクリーム」という言葉に「ふんわり」がつくことに気づいたからだ。そこで、もう一度考えた結果、「ふんわり」は「さわって柔らかい感じ」とまとまった。

「**ほかほか**」と「**ふんわり**」の意味を考えた後でもう一度教材文にもどって話し合いをした。すると、「てんとう虫は、うめの花につつまれて、心があったかい感じがした」、「うめの花も、てんとう虫につつまれてる感じ」という考えが出された。

この二つの言葉を手がかりにすることで、よりいっそううめの花とてんとう虫の気持ちが通い合い、あたたかい気持ちになっていることがつかめたように思う。

二年生の一月の実践であったが、子どもたちがこちらの思う以上に「**ほかほか**」、「**ふんわり**」に続く言葉を思いつくことに驚かされた。また、出てきた言葉を見て、意味を考える力もあり、こういう活動を大切にしていきたいと思った。

Ⅴ　単元　慣用句でクイズ大会を開こう（五年）
――身体語が含まれた慣用句を対象に――

森脇紀浩

1　はじめに――語彙指導について

言葉を理解するにしろ、言葉で表現するにしろ、その言語行為は語彙に支えられている。したがって正確に、イメージ豊かに読んだり聞いたり、また適切に、効果的に書いたり話したりするためには、量的にも質的にも豊かな語彙の獲得と活用が必要になる。また［もの・こと］を的確に認識したり思考したりする場合にも語彙のはたらきが大きい。このことからも語彙を豊富にし、それを運用していく力や言葉を磨いていく態度を育てる語彙指導は人間形成をも含む、重要な指導と言わなければならない。

しかしとかく語彙指導は、文章教材の読解学習を中心にした辞書的な意味理解程度の語句指導の範囲に留まり、かつ平板で受容的な学習を強いる場合が多い。そのためたとえ理解した語彙の量は増えても、自らの言語生活を見つめ直し、その向上をはかっていこうという態度形成まではいたらない場合が多いように思われる。これは語彙そのものがとらえがたいこと、理解や表現学習の中での有機的な語彙指導の一般化がなされていないこと、国語教科書の手引きに依拠しすぎ、児童の言語生活に根ざした指導になっていないことなどがあげられよう。

したがって語彙指導は単に語彙量を増やすだけではなく、日常の言語生活に結びつき、一人ひとりの言葉の世界が拓かれるような生きた語彙学習になるようにしていくことが必要であると考える。

本稿では、以上の考えをもとに語彙指導のあり方について考えていきたい。

2　単元設定の意図

(1)　慣用句を取り上げる理由

慣用句とは、二つ以上の単語が結びつき、その一つ一つの単語がもつ意味とは異なる、ある特定の意味を表す表現である。たとえば「顔が利く」は「知名度が高く勢力もあるので、相手に無理がとおる」という意味であるが、「顔」と「利く」にはこのような意味はない。「顔」と「利く」が「顔が利く」という形で結びついたときにはじめて慣用句としての意味となる。このような慣用句を用いることによって、微妙な心情や感情、様子を的確に生き生きと表現したり理解し合ったりすることができるのである。言わば慣用句表現は、先人によって生活の中から築き上げてきた豊かな日本語の文化が反映され、生活に潤いをもたらしてきたと言えよう。

また慣用句の成り立ちには、形式面（重ね形式・否定形式・比喩形式など）や構成面（語彙・品詞など）、由来などによってさまざまに分類することができる。今回は児童の取り組みやすさを考えて、構成面のうち身体語を含んだ慣用句を扱うことにする。

このような慣用句の特性から、以下の学習が期待できると考える。

①慣用句は無意識に使ったり聞いたりしているため、いったんその表現の豊かさを知れば、興味をもちやすく、言葉への関心を高め、楽しく語彙学習ができる。

②慣用句は使用する状況によって適不適の判断がつきやすいことから、ゲーム化などの楽しい学習活動が設定しやすい。

③意識すれば会話の中からも読書によっても収集しやすく、多様な、かつ活発な言語活動が取り入れやすい。

④慣用句の成り立ちにはさまざまな分類がなされることから、児童自らがその多様性に気づき、収集し、自分なりに分類するなどの学習活動へと発展させることができる。

(2)　学習を支えるための手立て

たくさんの慣用句表現に触れさせたい。しかし単なる辞書的な意味で理解していくのではなく、ゲーム的な要素を取り入れた楽しい雰囲気の中で慣用句表現の豊かさやおもしろさを味わわせ、自らの言語生活を見直し、言葉の世界を拓いていく契機となるような単元にしたい。

このような願いから、各班が分担して慣用句を収集し、慣用句クイズを出し合う単元を設定してみた。クイズ大会を開くということで、慣用句集めも意欲的になり、たくさんの慣用句と出会うことになるであろうし、またクイズ作成をとおして、辞書的な意味ではなく、状況とのかかわりの中で慣用句の意味を理解し、使用できるようになるであろうと考える。

①導入の工夫

慣用句と出会う単元導入では、教師からいくつかの慣用句をゲーム形式で出題し、慣用句の身近さや表現のおもしろさが味わえるようにする。ここでの教師の出題の仕方は、今後の慣用句集めやクイズ作成の仕方の参考（モデル）になるように工夫する。

②クイズ作成の条件

《例文型》《会話型》の二つのクイズの型で作成するように条件をつけ、慣用句の理解と使用が確かになるようにする。以下は児童に提示したクイズ作成のための手引き（『大村はま国語教室９』参考）である。

《例文型クイズ—例》

問題②　さて、次の四つの中から **息を殺す** を正しく（適切に）使っている例文はどれでしょうか。

A

次は多久和先生の音楽授業なのに、森脇先生が延長授業しただろ。おくれたら大変だから、みんな息を殺して音楽室に向かって走ったよ。死にそうだったぁ。

B

昨日ね、二階の階段のてすりから一年生が身を乗り出していたんだ。そうしたら、その子が落ちそうになってね。目の前だったでしょ。だから思わず息を殺したよ。

C

昨日、かくれんぼして遊んでいたんだ。へいの所で息を殺してかくれていたんだけど、通りかかったタロウ君が、何してるかってしつこく声をかけてきてね。それで、オニに見つかったのさ。まいったなぁ。

D

親せきのタロウ君から、今日とまりに来るって電話があってね。うれしくって、妹は、今朝からいろんな人に、そのことを息を殺して話していたよ。

《例文型クイズの答え方—例》

問題②の答え ——— C

答えは　Cの例文です。

「息を殺す」は、「息をしているのを知られないようにする。息を止めるようにじっとしている」という意味です。ここでいう「殺す」は、「わからないようにする。つまり音を殺す、音を立てないようにすること」です。こういう場合で「息を殺す」を使う理由がわかりましたか。

Aの例文にふさわしい慣用句は、「息を切る」です。「体を動かしたときなどに、呼吸をあらくしてハーハーいう」という意味です。例えば「息を切らして階段をかけ上がる」というように使います。

Bの例文にふさわしい慣用句は、「息を飲む」・「呼吸が止まるほどおどろいて、はっとする」という意味です。

Dの例文にふさわしい慣用句は、「息をはずませる」・「運動したり、気持ちが高ぶったりして、呼吸がはげしくなる」という意味です。

いかがでしたか。「息を殺す」の意味や使い方がわかってもらえましたか。

《会話型クイズー例》

問題①

次の会話の最後には、ある慣用句が使われています。□の中が、その慣用句の意味です。
さて、どんな慣用句がふさわしいでしょうか？

タロウ	ジロウ君、何をしてるんだい。
ジロウ	し――っ。
タロウ	へいにかくれて、どうしたの？　忍者のまねかい？
ジロウ	静かにしてよ。今、かくれてんだ。
タロウ	だれからかくれてんだい？
ジロウ	オニだよ。
タロウ	オニっ？
ジロウ	かくれんぼして、遊んでるところなんだよ。
サブロウ	ジロウ君、見つけたー
ジロウ	見つかったじゃないかー
	せっかく［呼吸をおさえて、そっと静かにして］かくれていたのにー

さて、□にふさわしい慣用句は、次の四つのどれでしょうか。

息
- ①息を切る（息を切らして）
  →呼吸をおさえるためには、切るようにゆっくりと息をするでしょ。
- ②息を飲む（息を飲んで）
  →呼吸をおさえるためには、息をいったん飲むようにするでしょ。
- ③息を殺す（息を殺して）
  →「殺す」はわからないようにすること。音を殺せば、人に知られないでしょ。
- ④息をはずませる（息をはずませて）
  →かくれている時は、心臓がどきどきするようにはずむからね。

《会話型クイズの答え方ー例》

問題①の答え――③

答えは　③「息を殺す」です。「息を殺す」は、「息をしているのを知られないようにする。息を止めるようにじっとしている」という意味です。ここでいう「殺す」は、「わからないようにする。つまり音を殺す、音を立てないようにすること」です。

①の「息を切る」は、「体を動かしたときなどに、呼吸をあらくしてハーハーいう」という意味です。例えば「息を切らして階段をかけ上がる」というように使います。

②の「息を飲む」は、「呼吸が止まるほどおどろいて、はっとする」という意味です。例えば「二階の階段のてすりから身を乗り出しすぎて一年生が落ちかけたのには、思わず息を飲んだ」というように使います。

④の「息をはずませる」は、「運動したり、気持ちが高ぶったりして、呼吸がはげしくなる」という意味です。例えば「妹は今日、叙せきのタロウ君がとまりに来るというので、息をはずませて学校から帰ってきた。」というように使います。

いかがでしたか。「息を殺す」の意味や使い方がわかってもらえましたか。

③ゲーム化

・班対抗戦（一班三人編成・全六班）：総得点の多い班が優勝。一班三問出題（つまり一人一問出題）。

・得点方法：一班出題に対して残りの五班が答える。正解者の数に応じて回答班に得点が加算される。

（正解者一人3点。正解者二人6点。正解者三人全員10点。）

・出題班の減点：一問の正解者数が三人以下の場合には、出題班の総得点から2点減点。

（一般に知られていない慣用句を使った難しすぎる問題を作るのを防ぐため。適度の難易を考慮して出題することで、自分たちの言語生活を見直すことにつながると考える。）

④慣用句集め

・児童用の慣用句辞典をできるだけたくさん揃えたり、家庭への協力をお願いしたりして、読んだりたずねたりして、いろいろな方法で慣用句が集まるようにする。

3　単元の目標

○慣用句に興味をもち、調べたことを工夫して発表したり、クイズ辞典にまとめたりしながら語彙を豊かにし、実際の言語生活に生かそうとする。（言語への興味関心）

○調べた慣用句を自分なりに整理し直して、相手（聞き手・読み手）にわかるように文章や図などに表わすことができる。（話すこと・書くこと）

○個々の慣用句の意味や使用例を求めて、各種辞典で調べたり短い物語を読んだりして図書を有効に活用することができる。（読むこと）

○慣用句の意味を知るとともに、言語生活を豊かにしている慣用句のはたらきに気づく。（言語知識）

4　単元の計画

○第一次　慣用句と出会う。……………………………………………1時間
・教師作成の慣用句クイズに答える。
・知っている慣用句を発表したり既習の物語文から慣用句を探したりしながら慣用句の意味を知る。
○第二次　学習の目標と見通しをつかむ。……………………………………1時間
・身体を六つの部位に分け、どの身体の慣用句を調べるかを各班で分担する。
・慣用句の調べ方、発表の仕方、クイズ辞典のつくり方を知る。
○第三次　各種辞典で慣用句を収集したり、使用例を簡単な本などで見つけたりする。……………2時間
○第四次　クイズ大会に備えて原稿や資料を作成する。……………2時間
○第五次　クイズ大会を開き、調べたことを発表し合う。……………2時間
○第六次　「慣用句クイズ辞典」を作成し、学習のまとめをする。……………1時間

5　授業の実際

(1)　慣用句との出会い（第一次）

①目　標　教師出題のクイズに答えながら慣用句の定義を知り、慣用句に対する関心を深める。
②展　開

主な学習活動	児童の学習を支える手立て
①本時の学習について知る。 ○二つ うり・投げる さじ・立つ 腹 のカードを見て、それぞれの意味について意見交流する。 ○それぞれの慣用句の意味を確認する。	○一枚一枚のカードに書かれた言葉にはそれぞれ意味があるが、二つの言葉が合わさると元の意味と異なることを確認できるように提示したり、問答を進めたりする。 ○読書指導の観点により、児童図書からそれぞれの慣用句を説明した箇所を印刷配付して意味を確認する。
②教師作成のクイズに答え、慣用句の定義を知る。 ○出題するクイズ 水に…①浮く　②沈む　③流す　④流れる 顔が…①大きい　②広い　③いっぱい　④いい 首を…①かしげる　②傾ける　③見る　④出す ①さんま　②さば　③ふぐ　④くじら…を読む ○慣用句の定義を知り、知っている慣用句を発表する。 ○いろいろな形式の慣用句クイズに答える。 ①□にはさむ　②□が悪い　③手を□　など	○身体語を含んだ慣用句を中心に、児童にとって身近な慣用句を選択して出題する。 ○それぞれの意味を告げてから慣用句を答えさせる。 ○理由を述べ合いながら答えさせることによって、使用される状況や、それぞれの慣用句の成り立ちには意味があることに気づかせていくようにする。 ○児童図書から慣用句を説明した箇所を印刷配付し、その定義を確認するとともに慣用句を集めた慣用句辞典があることを伝える。 ○クイズ大会や辞典利用への伏線として、さまざまなクイズ形式にふれさせるようにする。

③既習の文章から慣用句を探す。 ○「ごんぎつね」「大造じいさんとがん」の一場面などから。 ④本時の学習のまとめと次時以降の学習を知る。	○慣用句は特別な表現ではなく、今までに習った教材文などにも使われており、身近な表現であることに気づかせる。 ○慣用句を使ったクイズを出し合ったり、クイズ辞典を作ったりすることなど今後の学習について説明する。

慣用句調べの授業

授業終末に書かせた児童の学習日記からいくつかを紹介したい。

○いつもの国語と違ってクイズだったから楽しかったです。今度の国語がすごくすごくすごく楽しみです。それと言葉と言葉をつなげて新しい言葉ができるからびっくりしました。「さばをよむ」の意味や成り立ちはなるほどーと思いました。（N）

○慣用句の勉強をしていろいろなことがわかりました。ぼくはこの中で知っているのは、「うり二つ」「腹が立つ」「首をかしげる」「水に流す」「顔が広い」でした。もっとたくさんの慣用句を勉強したいです。（G）

○今日は慣用句で遊んだりして楽しかった。「さばを読む」なんて聞いた事がなかったので使ってみたい。『おもしろ情報新聞』（係新聞名－森脇注）にも「慣用句クイズ」をのせたい。（I）

クイズ形式で慣用句と出会わせたことで、授業はたいへん盛り上がった。それればかりかほとんどの児童が自主的に家庭で慣用句を調べてきた。調べたものの中にはことわざなども二、三含まれていたが、延べ86もの慣用句が集まった。父母、祖父母などの家族から聞き取る、国語辞典で調べる、今までの教科書や蔵書から抜き書きするなどさまざまな調査方法で慣用句を集めており、慣用句への関心の高さが認められた。

(2) 各種辞典で慣用句を集め、意味や使い方を調べる（第三次）

児童が集めた慣用句から、慣用句には身体語を使ったものが多いこと、特に「目」「口」「手」「鼻」「足」「腹」を使用した慣用句が特に多いことを確認し、これらを六つの班で分担して調べてクイズにすることに話し合いで決まった。

身体語を含んだ慣用句に限定し、かつ各班に特定の身体部位に限定して調査させたのは、調査する慣用句を広げることは調査のしやすさにはなるが、学習の焦点化という点で問題が生じると判断したからである。

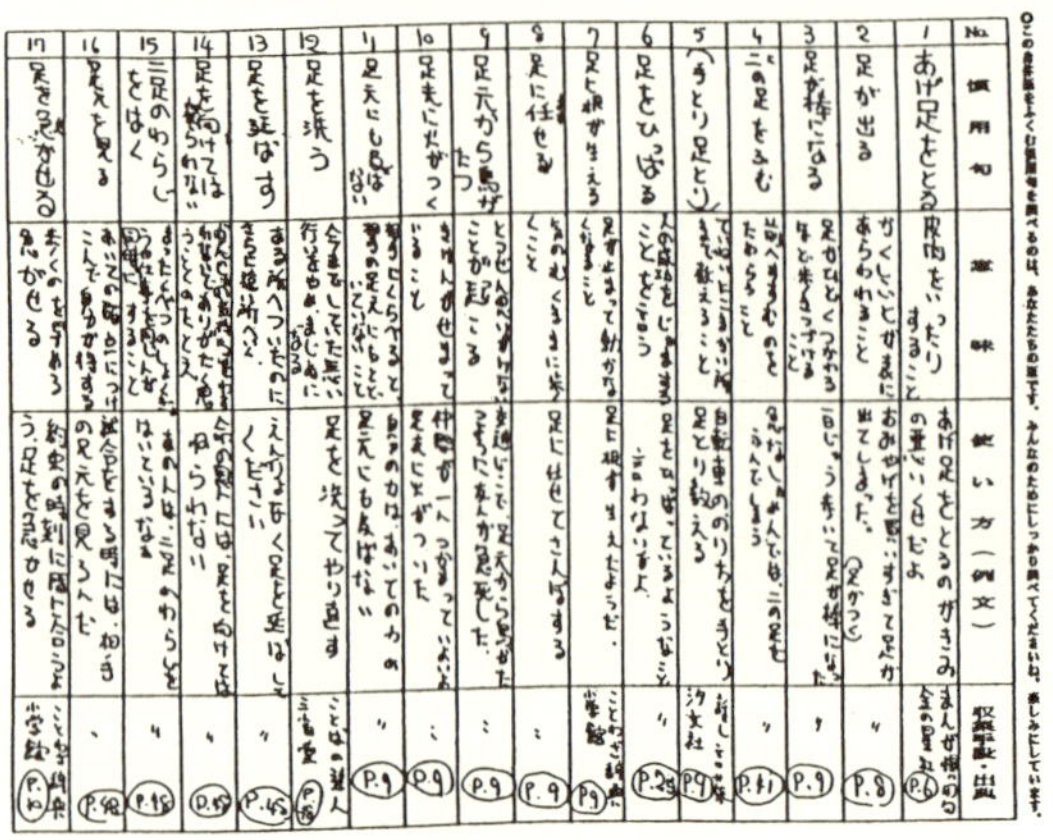

学習プリントから

(3) クイズ発表会を開く（第五次・一時間目）

①目標

○取り上げられた慣用句の意味や使い方を理解するとともに身体を使った慣用句について関心をもつ。

○練習を生かして、聞き手にわかるように工夫して発表することができる。

②展開

主な学習活動	児童の学習を支える手立て
(1) 本時の学習活動を確認する。	○学習のめあての確認、担当班の紹介を簡単に行なう。
(2) 担当班の発表を聞き、身体語を含んだ慣用句について理解を深める。 〈担当班の発表モデル—担当班の司会進行〉 ①担当した慣用句の確認 ②発表手順・分担の説明 ③クイズの出題と解説 ④集めた慣用句の紹介 ⑤考察または個人の感想発表 ⑥意見交流	○慣用句についての発表会は本時が初めてであるため、多少発表に戸惑いが見られると思われるので、緊張がほぐれるような雰囲気をつくるようにする。 ○感想や意見が出にくい場合には、教師が感想を述べ、感想の窓口を示していく。
(3) 発表内容（慣用句）や発表の進め方について教師の話を聞く。	○担当班が調べた慣用句の説明で不足する点を補足する。
(4) 次時の学習活動について確認する。	○得点の途中経過、次時の発表班（慣用句）を確認する。

③クイズ発表のための手引き

発表会での発表は、こんなふうにしてみたら……　（発表の手引き）

◎聞き手にとって、ためになる、楽しい、な〜るほど、えっ、びっくり…という発表にしよう。
◎私たちの発表会にするために、自分たちで発表会を進めていこう（班に司会者を）。

(1)はじめのあいさつ
・担当した慣用句は…
・司会者は…
・ここに注意して聞いて…（発表の見所・ポイント）
・分担の説明（特別な分担を決めている場合には…）

> 私たち7班は、「息」の慣用句について調べました。
> 司会を担当するトシコです。よろしくお願いします。
> 私たちの発表は、……をしているので、そこのところをよ〜く聞いていてください。
> 分担を簡単に説明します。〜は、トシロウ君が。〜は、トシジロウ君がします。

(2)クイズ
・班対抗戦（得点の多い班が優勝）
・得点方法（一人正解3点、二人正解6点、三人正解10点〔3点＋3点＋3点＋ボーナス点〕）
・一問の正解者数が、三人以下の場合は、出題班の総得点から2点減点。
・ゲームですので、不正解でも笑ってすませよう！

> 一問目の出題の担当は、トシロウ君です。よろしくお願いします。
> この問題は、○適切な慣用句を／○正しい意味を　を答える問題です。
> 二問目の出題の担当は、トシジロウ君です。
> この問題は、（適切な慣用句を／正しい意味を）を答える問題です。
> 三問目の出題の担当は、私です。このクイズのとくちょうは、……です。

(3)その他の慣用句の紹介
・紹介の仕方は工夫しよう。
・ただ口でいうのは…。または、ただ見せるだけでは…。せっかく調べたので…。

> 「息」を使った慣用句には、他にもこんなものがあります。トシロウ君が説明します。
> みんなのよく知っている物語『　』にも「……」があります。
> 紛らわしいのが「……」と「……」。〜ですので、気をつけてください。
> 6年生にきいたら、「……」が一番よく知られていました。

(4)「息」のつく慣用句を調べてみて、発見したこと／考えたこと／思ったこと
・一人ひとり発表します。
・内容は、分担しておきましょう。
・3〜5文くらいの文章（「。」が三つ〜五つ）でお話をしましょう。
・メモ紙は見ませんよ。がんばってね。

> 「息」には、〜の時に使う慣用句が多いようです。それは、〜だからと考えます。
> 〜だとは思いませんでした。びっくりしました。
> これからは、〜したいと思いました。

(5)友達からの感想／意見／質問
・指定感想発表班を決めておきます。
・指定感想発表者は、2〜3文程度のお話になるように。
・こんなことについて感想を。
　発表の仕方で（声の大きさ・話す速さなど）
　クイズの出し方で（ひっかけ方・楽しませ方・アイディア・努力）
　とっても参考になった慣用句のこと／発表の仕方（少しでも参考になったことを…）
　こういうことも知りたかった。もっと知りたくなったこと。
　こうしたら、もっといい発表になったのでは…。（期待を込めて…の気持ちで）

> まず指定感想発表班のみなさんに感想や意見を聞きます。お願いします。
> では、指定班以外の人に意見や感想を聞きます。
> （たくさん感想発表してください。言ってくれると、うれしいよね）
> ありがとうございました。

(6)むすびのあいさつ
・これからは、こんなことを調べたい。
・今度は、〜な発表をしたい。
・〜さんの感想がうれしかった。
・〜君の意見は、これからの発表の参考にします。

(7)退場（大きな拍手を贈りましょう。）

児童作成のクイズ

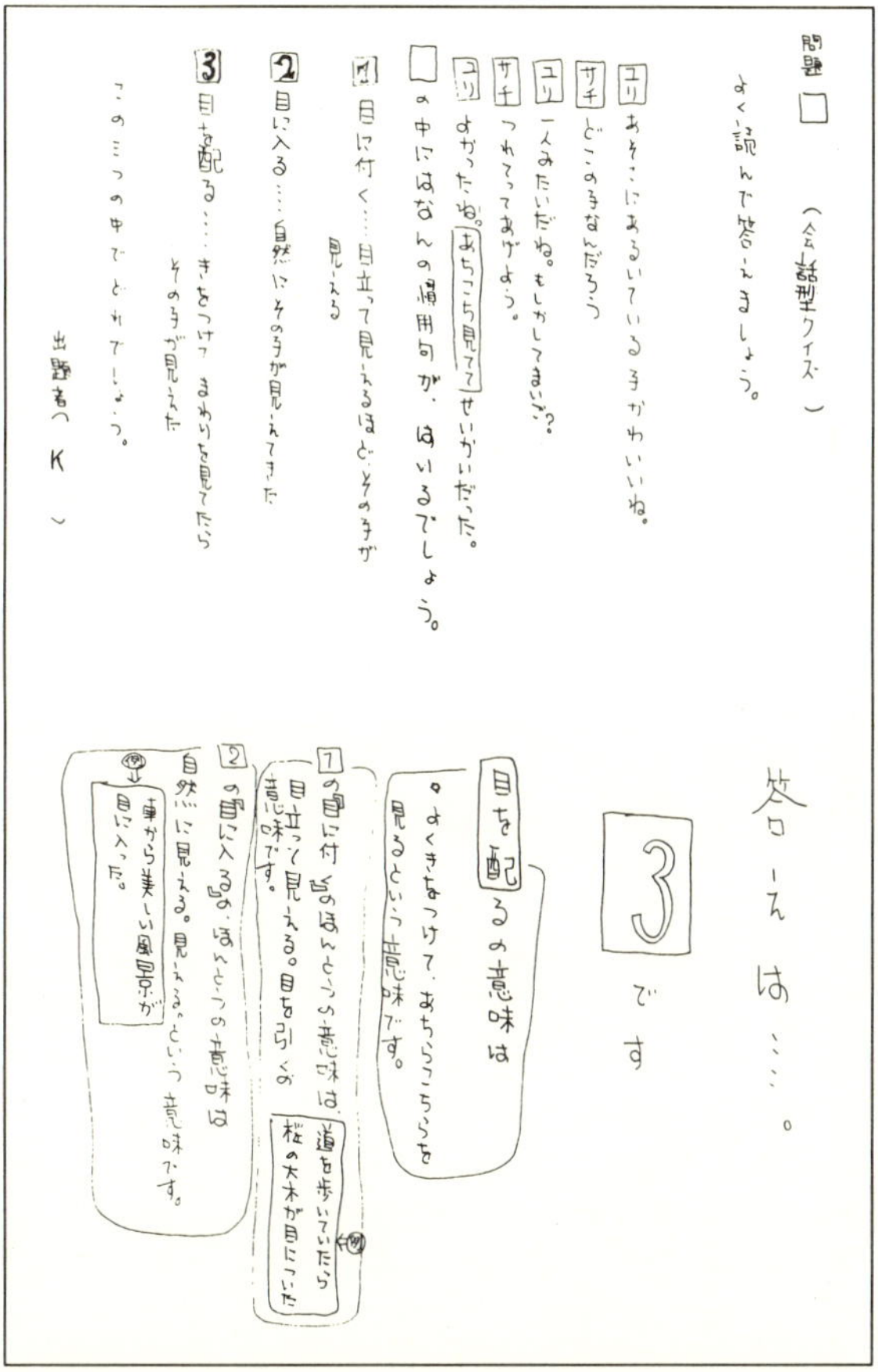

問題 □ （会話型クイズ）
よく読んで答えるしょう。
ユリ あそこにあるいている子かわいいね。
サチ どこの子なんだろう
ユリ 一人みたいだね。もしかしてまいご？
サチ つれてってあげよう。
ユリ よかったね。あちこち見てて せいかいだった。
□の中にはなんの慣用句が、はいるでしょう。
1 目に付く…目立って見えるほどその子が見える
2 目に入る…自然にその子が見えてきた
3 目を配る…きをつけて まわりを見てたら その子が見えた
このミつの中でどれでしょう。
出題者（K）

答えは…。
3 です
目を配るの意味は よくきをつけて、あちらこちらを見るという意味です。
1 の目に付くのほんとうの意味は、目立って見える。目を引く。の意味です。
例 道を歩いていたら桜の大木が目についた
2 の目に入るのほんとうの意味は 自然に見える。見えるという意味です。
例 車から美しい風景が目に入った。

クイズ発表会の様子

単元を終えた児童の感想

（略）調べれば調べるほど「慣用句は奥が深いなー。」と思いました。「国語っておもしろいなー。」とも思いました。調べた慣用句の中で最も好きな慣用句が「後ろ足で砂をかける」です。なぜかというと、見たままを言っている慣用句のようだからです。まだまだ知らない慣用句があるけど、これからもず～っと慣用句調べがしたいなーと思いました。（N）

6　おわりに

本実践をとおして、以下の観点から単元づくりを行なうことが語彙学習の活性化において有効ではないかと考える。今後も言葉を磨き、言葉の世界を拓く語彙指導をめざしていきたい。

①【語彙学習への動機づけの工夫】　学習のめあてや見通しがもてるように単元導入を工夫すること。語彙は範囲が広く、とらえにくい側面をもつため、漠然とした単元導入では学習の動機づけにはならない。取り上げる語彙との出会いを大切にしたい。

②【学習活動の活性化】　児童が意欲的に語彙の学習ができるように、遊び感覚のある学習活動を取り入れること。たとえば言葉遊び、ゲーム形式の活動を取り入れ、楽しい言語学習にしていきたい。

③【言語活動の活性化】　テーマとする語彙を意識すれば容易に、多様な方法で収集調査することができるように工夫すること。たとえば各種の児童図書の活用、家族や友人へのインタビューなど読む・話す・聞く・書くといった活発な言語活動を取り入れることによって、言語生活と結びついた学習となるようにしたい。また調査したことを発表し、交流する場（プレゼンテーションなど）を設け、活動の成就感をもたせたい。

④【表現活動との連動】　語彙力は、表現として使用されてはじめて確かに身につく。したがって辞書的な意味理解にとどまらせるのではなく、ある状況の中で実際に使用し、その使用の適否を検討することによって生きた語彙として定着するように表現活動を取り入れること。短文づくり、例文づくりなどをとおして確かな語彙力に高めていきたい。

⑤【学習の連続性・発展性】　単元終了によって完結してしまう学習ではなく、活動の場の設定や視点によっては学習が連続し、学習内容の質が日常の言語生活へと発展していくようにすること。学習に連続性や発展性があることによって、児童の言語生活への問題意識が高まり、自らの言語生活を見つめ直し、向上していこうとする態度形成が期待できる。

コラム
ある日の授業から

台本作りと役割演技で学ぶ、場面に合った言葉遣い（三年）

池　淵　昌　志

中学年になると子どもたちの行動はいっそう活発になるとともに、使う言葉が乱暴になったり、その場にあった言葉遣いができなかったりすることがある。日頃、友達仲間で使っている言葉を、いつでも、どこでも、誰にでもそのまま使うことが多い。自分の気持ちを相手により効果的に伝えるためには相手やその場の状況を考えて話す心がまえや態度が伴う必要があることに気づかせたい。

そこで、学校生活のさまざまな場における自分たちの言葉遣いの状況を取材し、その場における言葉遣いを役割演技を通して反省させてみたいと考えた。

第一次　①「いいのかな？」と思う話し方を学校の中でさがす。
第二次　②調べた言葉遣いについて気づいたことをまとめる。
　　　　③発表し合う場を決め、役割演技の台本を作る。
第三次　④取材した場における言葉遣いを発表する。（役割演技による。）
　　　　⑤直したいと思う自分の言葉遣いを見付け、場に応じた言葉遣いを練習する。

子どもたちが調べた「いいのかな?・」と思う話し方の中で多かったのは、「休み時間に友達や上級生から悪口を言われたりいやな言葉を言われた」というものであった。このような言葉を児童は、自分自身も使っていることに気づいていた。先生や目上の人に対しても、乱暴な言葉遣いをすることもあった。

このような事実を客観的にとらえるために、台本を作り、場を設定し、役割を決めて演じ、それを見て話し合いをするという活動をした。

役割演技の後「役割演技感想記録表」に記入してから、クラス全体で話し合いをした。書くことにより自分の考えをまとめることができ、自分と友達とのとらえ方や考え方の違いを明確にすることができると考えたからである。

子どもたちは毎日の学校生活において、言葉を通したやりとりの中で喜んだり、時には悲しい思いをしたりしている。無意識に使っている言葉を意識し、国語科でねらう言葉の力とするための取り組みである。

役割演技という表現活動を通して、文字では表現できないニュアンスや口調(言い方)等もあることが分かった。例えば、やさしい気持ちになったら、声もやさしくなったといったようなことである。

第二部

自覚的な表現者を育てる国語科授業の研究

I　表現と関連した説明的文章指導の検討
――「どうぶつの赤ちゃん」（一年）の場合――

間瀬茂夫

一　問題設定

説明的文章指導のあり方が変化しつつある。いわゆる総合的な学習と関わって、「説明」という表現行為と結びつく学力の育成が求められている。また、国語科の枠組みの中でも授業実践報告などに、多彩な学習活動を取り入れた授業が多く見られるようになり、従来型の要旨把握の授業が少なくなっているという指摘がある。[1] 国語教科書の編集を見ても、単元の構成あるいは学習の手引きにこうした傾向がうかがえる。読みと表現との結びつきは、いよいよ強くなってきている。

説明的文章の読みの指導研究において、表現と結びつき得る学力を身につけさせることは決して新たな課題ではない。むしろ中心的なテーマの一つであった。理論的には、例えば「説得の論法」「筆者の工夫」といった概念が提示されてきた。実践的には、書くこととの関連指導に取り組んできた。[2] しかし一方で、読むことの学習における説明的文章の構成や論理の理解が、書くことの学習の際の論理的な構成や表現にどれだけつながるかということに対しては、疑問[3]さらには否定的な見解[4]が提示されることもある。

説明的文章は様々な機能を持った文章の総称で、実際の教材はいくつかの系列に分けられる。したがって、表現と結びついた読みの学習が有効かどうかは、必ずしも多くの教材に共通する原則として判断できず、個々の具体的な教材や発達段階ごとに検証されるべき部分も大きいのではないかと考えられる。

そこで本稿では、小学校低学年の説明的文章教材「どうぶつの赤ちゃん」を扱った実践記録を対象に、表現活動をともなった説明的文章指導のあり方を検討することにする。なお、本教材の実践史は、森田によって一九八八年の時点で検討がなされている。(5)本稿では、九〇年代以降の実践を中心に、その後の状況変化もふまえて再検討する。

二　授業記録検討の視点

(一)　教材から導かれる視点

増井光子稿「どうぶつの赤ちゃん」(光村図書)は小学校一年生の代表的な説明的文章教材である。昭和五五年度版の教科書から採録され、何度か(昭和五八・六一・平成元・四・八・一二年度)改訂が行われながら、現在までずっと採録されている。本教材については、本文の改訂過程の検討を含めた詳細な研究がある。(6)ここでは、それらをふまえ、教材の構造と本文の改訂という二つの側面から授業記録を検討する視点を設定する。

初めての採録以後しばらく、ライオン・しまうま・カンガルーの三種が取り上げられていたが、平成四年度版からライオン・しまうまの二種となった。我が国には生息しないが子どもに親しみ深い肉食動物と草食動物、よく知られていながら珍しい生態を持つ有袋類という三者から前の二者となったことには、学習指導要領の教育内容削減などいくつかの要因が考えられる。しかし、いずれにしても複数の動物を説明の対象に選んだことは、比較という本教材の基本的な構造を決定しており、それが二者となったことで、対比的な関係がいっそう際だったと考えられる。

比較の観点は、大きさ、目や耳の様子、母親との類似性、自分でできること、餌を食べるようになる過程の五つである。それぞれの動物の赤ちゃんについて、全ての観点にわたって簡潔でわかりやすく説明されているところに、一年生の説明的文章の理解教材としての論理性と、表現教材としての価値を見出すことができる。加えて、ライオンとしまうまは、食うものと食われるものという対立関係にもある。このことは、それぞれの観点について両者の違いを際だたせているだけでなく、例えば「肉食だから」というように、自然界における存在の違いとして一つ一つの特徴を統合する論理にもなり得る。

五つの比較の観点は、基本的には初採録時から一貫するものであるが、改訂が進むにつれて、その構造が整えられてきた面もある。(7) 例えば、第三段落の改訂をみると、当初（昭和五五年度版）は、次のようであった。

　ライオンの　赤ちゃんは、じぶんでは　なにも　できません。おかあさんに　てつだって　もらわないと、おしっこを　する　ことも　できないのです。

これが、平成元年度版で次のようになる。

　ライオンの　赤ちゃんは、じぶんでは　歩くことが　できません。よそへ　いく　ときは、おかあさんに、口に　くわえて　はこんで　もらうのです。

「なにもできません」から「歩くことができません」への改訂は、漠然としていた記述を自力での移動の説明へと焦点化するものである。しまうまとカンガルーの説明はどちらも当初から移動について述べられており、この改訂により三者を比較する観点が整合性を持つに至った。

以上のように、文章の基本的な論理構造、本文の改訂過程という二つの側面からみると、本教材は比較（対比）という特徴にいっそう焦点が定まる。このことを実践を検討する際の第一の視点とする。

（二）実践史的な課題

先に述べたように、一九八八年の時点で、森田は、本教材を扱った実践について、教材の評価、指導目標、指導計画、授業の実際といった観点から実践記録を具体的に取り上げて検討している。そこで、目標設定の点では多くの実践で教材の対比的な構造に焦点が当てられていること、また、授業の実際という点ではそれぞれの動物の赤ちゃんの様子についてイメージ化をともなった読みとりが十分行われていることを評価しながら、一方で次のような課題を指摘している。(8)

論理構造の学習に際しては、ことがらを観点別に図式化して、それで一息つくということでなく、その図式に表れた筆者の工夫を吟味するという授業にしたいものである。この作業が本教材のクライマックスであろう。実践記録に、この「対比」を問題にする部分が少ないのが気になる。

森田は、文章の論理展開を筆者による説明の工夫としてとらえる立場から授業評価を行っているが、ここで指摘されていることは、読みの学力を表現の学力へとつなげていく上で重要であり、実践を検討する際のもう一つの視点になる。

(三)　取り上げる授業記録と国語学力観

以上のような、教材の構造と実践史から得られた授業記録分析の視点をふまえ、次の三つの授業記録について具体的な検討を行うことにする。

Ａ　今井東による実践
　　市毛勝雄編『読みの授業の筋道二〈低学年編〉説明文教材』明治図書、一九八九年、一一～四九頁

Ｂ　若林富男による実践
　　石田佐久馬編『書くことを生かした説明文の授業』東洋館出版、一九九四年、八四～八六頁

Ｃ　河野順子による実践
　　「対話による低学年の説明的文章の学習指導」第九四回全国大学国語教育学会発表資料、一九九八年八月、筑波大学附属小学校、Ｂ四判・全一九枚

これらの実践は、いずれも表現と結びついた学習活動を単元の発展段階で行っている点で共通する。一方で、授業者が潜在的あるいは顕在的に持つ国語学力観に特徴的な違いがうかがえる。このことについて簡単に述べると、Ａは、文章の表現内容を確実に読みとらせる技能主義的な国語学力観による実践を集約するものととらえられた。Ｂは、言語や文章の理解を事象の認識にまでさかのぼって考えようとする認識主義的な国語学力観の定着を表す実践ととらえられた。また、筆者の表現方法から学んだことを学習者自身の表現活動に結びつけようとする一九九〇年代の実践の特徴をよく表す。Ｃは、認識主義的な国語学力観の一つの発展、すなわち、対話という言語活動の中で認識を深めると同時に表現も行わせるという新たな展開を示唆するものととらえられた。

三　授業記録の比較検討

（一）A実践の検討

Aは、三種の動物を取り上げた教材による全九時間の実践である。さまざまな指導の工夫が見られ、低学年説明的文章実践の積み重ねが集約されている。それは、次のようなものである。

・問いと答えの対応
・記号化（枠で囲む・色線を引く・問いの番号記入）
・キーワードによるまとめ、要点把握
・動作化
・図式化（表）
・表現（作文）への発展

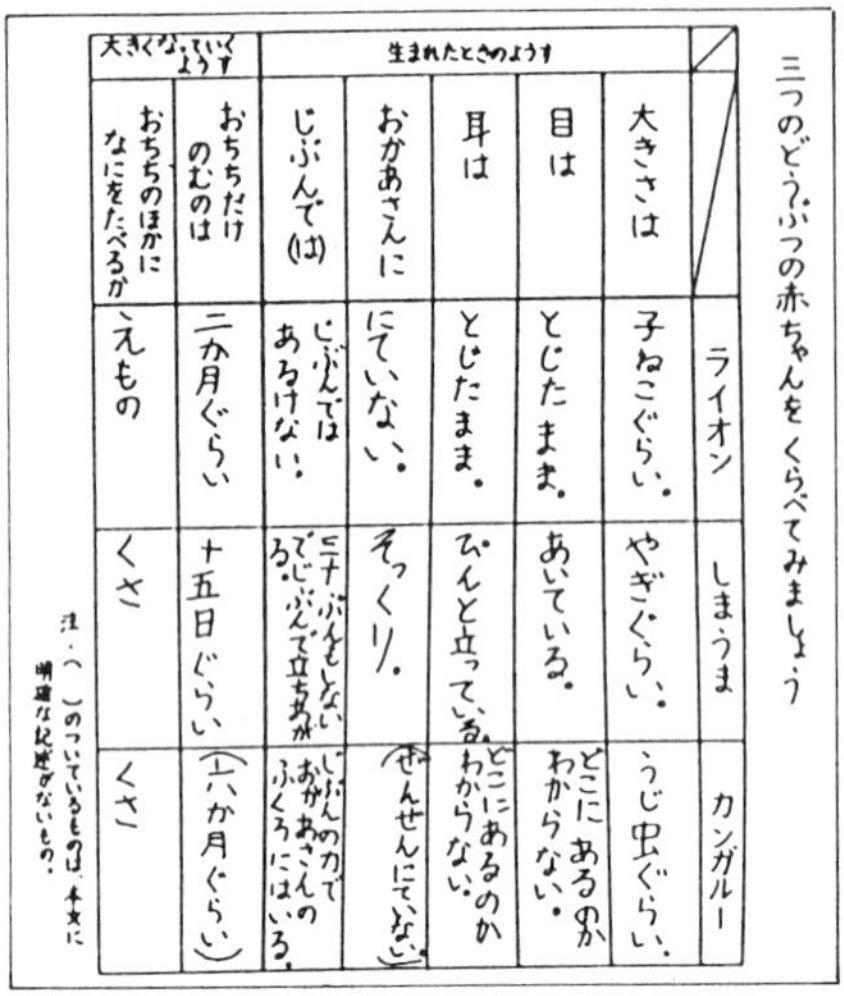

三つのどうぶつの赤ちゃんをくらべてみましょう

		ライオン	しまうま	カンガルー
生まれたときのようす	大きさは	子ねこぐらい。	やぎぐらい。	うじ虫ぐらい。
	目は	とじたまま。	あいている。	どこにあるのかわからない。
	耳は	とじたまま。	ぴんと立っている。	どこにあるのかわからない。
	おかあさんに	にていない。	そっくり。	（ぜんぜんにていない）
	じぶんで（は）	じぶんではあるけない。	三十ぷんもたたないでじぶんで立ちあがる。	じぶんの力でおかあさんのふくろにはいる。
大きくなっていくようす	おちちだけのむのは	二か月ぐらい	十五日ぐらい	（六か月ぐらい）
	おちちのほかになにをたべるか	えもの	くさ	くさ

注・（　）のついているものは、本文に明確な記述がないもの。

図１　実践Ａにおけるワークシート

全体的に目配りの行き届いた実践であり、文章の表現内容を確実に読みとらせる授業の一つのモデルと言えるだろう。

比較を学習課題とした第七時の授業過程を具体的に見てみる。学習内容は、次の三点が挙げられている。

一　全文を通読する。
二　ワークシートに、それぞれのどうぶつのキーワードをまとめる。
三　ワークシートを見ながら、それぞれの動物の赤ちゃんを比較し、感想を発表する。

全文通読の後のワークシートへの記入（図1を参照）は、前時までのキーワードを線で囲む学習が功を奏し、スムーズに達成できたようである。比較を筆者による説明の工夫としてとらえるという点では、この後の授業過程がポイントとなるが、それはまずは次のようである。

T　まず、「ライオン」と「しまうま」の赤ちゃんの、生まれた時の様子を比べて、思ったことを発表してください。

C　ライオンの赤ちゃんは、子ねこぐらいで、しまうまの赤ちゃんは、やぎぐらいなんて驚いた。ライオンは生まれたときから強いと思っていたけど、弱そうだった。

C　しまうまの赤ちゃんは、お母さんにそっくりで、すぐに立ったりするけれど、ライオンの赤ちゃんは、お母さんに運んでもらわないと動けないから、しまうまの方がすごいと思う。

T　本当にそうだね。どうして赤ちゃんの時は、しまうまの方が強そうなの。

C　しまうまは、ライオンにえものにされちゃうから、すぐににげられるようにならなきゃいけないから。

C　しまうまの赤ちゃんが弱ければ、すぐライオンに食べられちゃうから。

学習者の発言は、文章の対比的な構造を受けて、「ライオンの赤ちゃんは……、しまうまは……」という形式になっている。また、ライオンとしまうまの対比的な関係から、なぜそういう違いがあるかということへと推論により認識を深めている。

続いて授業者は、赤ちゃんのお腹の中にいる期間と生まれた後の成長の速さとの関わりという点から三種の動物について発展的な説明を行った後、次のように問いかける。

Ｔ　最後に、増井光子さんは、この「どうぶつの赤ちゃん」というお話を書いて、みんなに何を教えてあげようと思ったんでしょうね。
Ｃ　どうぶつの赤ちゃんは、それぞれちがうんだよということ。
Ｃ　どうぶつの赤ちゃんは、人間の赤ちゃんとちがうということ。
Ｃ　どうぶつの生き方を教えたかった。
Ｔ　はい。みんな今日はいろいろと自分の考えを言えて、りっぱでした。

ここでの学習者の発言は、三つの具体例を内容の点から一般化するものである。また、教師の問いもそれをうながすものとなっている。実践史的な視点からは、その上で内容的な対比を書き手の表現方法の工夫としてとらえ直すことが課題であったが、教師の中には、一年生の段階では書き方への意識化は難しいという発達観が潜在的にあるのではないか。

具体的な授業記録は掲載されていないが、Ａでも発展学習として「自分の一番関心のある動物」について作文を書かせている。しかし、それは読みの学習のまとめという位置づけのものにとどめられている。

(二)　Ｂ実践の検討

Ｂは、二種の動物を取り上げた教材による全十五時間の実践である。書くことを説明的文章の読みの授業に取り入れるという実践全体のねらいが設定されていて、初読の感想や視写、聴写といった様々な書く機会が仕組まれている。本授業記録の中で本時として大きく取り上げられているのはワークシートの作成であるが、ここにはこの実践の独自性がよくうかがえる。

ライオンとしまうまの違いをまとめるワークシート学習のねらいについて、授業者は次のように述べている。

　ここでは、形はさまざまであっても、ワークシートを自分で作り、分かったことを整理して、書き込ませてみようと考えた。一年生の発達段階からみると、難しい作業であるが、どれだけできるか挑戦を試みた。

プリントに読みとりの結果をそのまま記入させるのではなく、学習者に図式化という学習方略を早い段階から身につけさせようとする意図がうかがえる。授業過程は、次のように記述されている。

　基本的な図としては、下の㋐のように二つの動物の赤ちゃんを同じ観点（?）で比べられるものを考えた。図を示して、「これは、ライオンとしまうまの何を比べるおうちだろうね。」と投げかけ、?の項目を見つけさせて、ちがいが書ければよいと考えた。（実際例参照）

　しかし、作業を始めてみると、㋑のような二次元表を作った子が、全体の半分を占めていた。表にまとめる作業に、かなり慣れていた。

　一方㋒のように、㋐を組み合わせた形でまとめる子も、全体の約三割いた。

　実際の学習がどのような過程で行われたのか実践記録からははっきりわからないところもあるが、ここには、比較という認識方法を獲得させようとする授業者の意識が見て取れる。特に図㋐は、教師が用意した対比の観点にそって読みとらせること

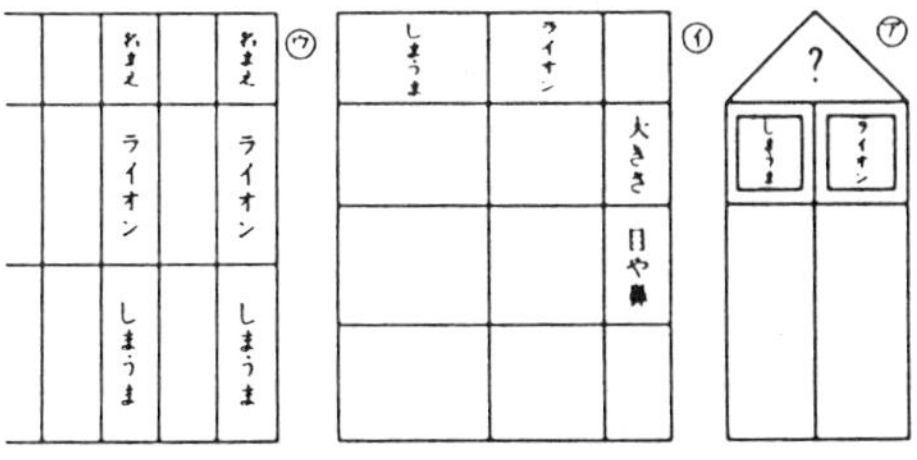

図２　実践Ｂにおける例示されたワークシート㋐・㋑・㋒

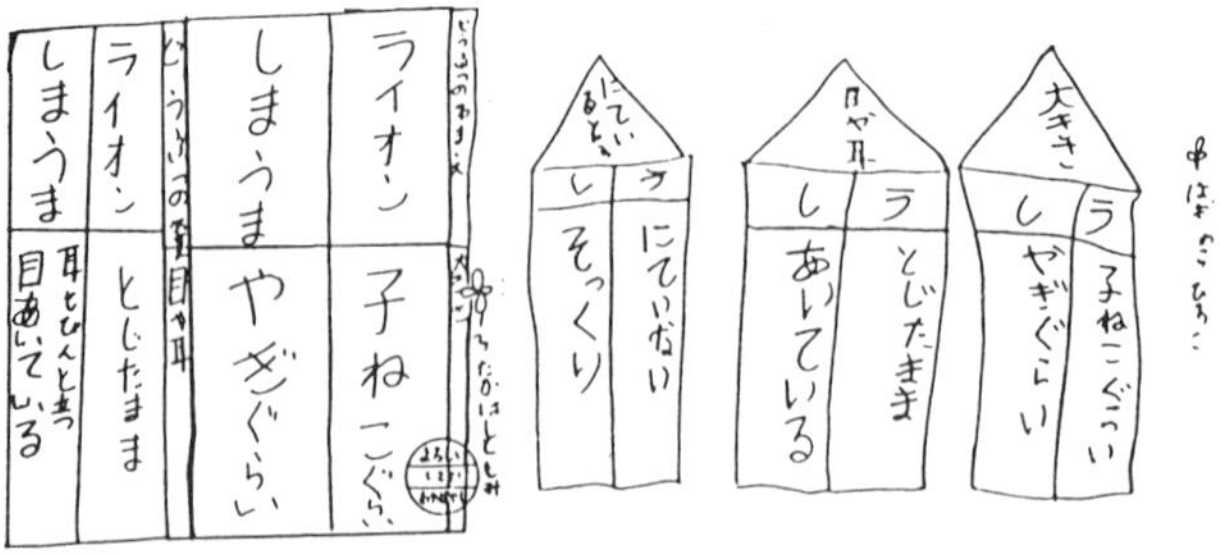

図３　実践Ｂにおける学習者作成のワークシート例

にとどまらない、対比の観点そのものを学習者自身に考えさせるものである。

次に、書くこととの関連学習を見る。本実践では、説明文を書く学習へと本格的に発展させている。「ヒトの赤ちゃん」というテーマで、家族からの取材を行わせたり、それを先のワークシートの隣りにまとめさせるなど、取材・構成という作文の指導過程に沿った授業を行っている。作文例は、次のものが掲載されている。

人げんの赤ちゃん

木どまゆ子

人げんの赤ちゃんは、生まれたばかりのときは、どんなようすをしているのでしょう。そして、どのようにして大きくなっていくのでしょう。

人げんの赤ちゃんは、うまれたときは、うさぎぐらいの大きさです。目もあいていますが、よくみえません。耳はひらいていて、きこえます。

人げんの赤ちゃんは、おかあさんに、かたちはにていますが、いろはにていません。

人げんの赤ちゃんは、一年ぐらいたつと、立ってあるくようになります。一年はんぐらいではしるようになります。人げんの赤ちゃんは、生まれて二年ぐらいは、おちちをのんでいます。

生まれて七か月ぐらいから、すりつぶしたゆでやさいや、おかゆ、たまごなどをたべるようになります。

一年ぐらいたつと、スプーン《ママ》もってじぶんでたべるようになります。

教材本文の五つの観点とその表現形式に沿って書かれている。取材・構成の学習成果がうかがえる。ただ、こうした文章を書くことがどのような説明的表現の力を身につけるのかということは、次に来る問題として検討されなければならない。

(三) C実践の検討

Cは、一学年を通した説明的文章の学習指導の実践研究である。「とりとなかよし」「じどう車くらべ」「どうぶつの赤ちゃん」という三教材のそれぞれの単元で、対話と説明文の作成という言語活動を軸として一貫した学習指導が行われている。さらに言えば、授業者は、対話を軸に小学校の説明的文章の読みの学習を展開する実践を提案してきており、(9) 明示的な指導理論を持つ実践である。ここでは「動物の赤ちゃん事典を作ろう！」をテーマに全十六時間で行われた「どうぶつの赤ちゃん」(二種の動物を取り上げた教材) の実践記録について検討する。

授業は、対話を軸に毎時間が展開している。対話は、それぞれのお母さんと赤ちゃん、ライオンとしまうまの赤ちゃん同士という二種類の創作的なものであり、本文の各段落ごとに次のような段階で行われている。

a　ライオンのお母さんと赤ちゃんとの対話 (三時間)

b　しまうまのお母さんと赤ちゃんとの対話 (三時間)

c　ライオンの赤ちゃんとしまうまの赤ちゃんとの対話 (三時間)

各時間の授業は、①「なぜなぜマン」の疑問に対する話し合い、②ペアでの音声言語による対話、③文章表現による対話と展開する。cについて、③で書かれた作品を掲げる (第三段落)。

ラ「しまうまくん、きみのじまんはなんだい。」

シ「それわね《ママ》。うまれたときからしまうのもようがついていて、おかあさんにそっくりなことだよ。どうしてかというと、もしもライオンがおそってきたとき、どっちがおかあさんかわからなくさせるためにはたらいてくれるからだよ。」
シ「ライオンくん、きみのじまんはなんだい。」
ラ「ぼくのじまんは、きみは、うまれたときからするどいつめがないでしょ。ぼくは、あるんだ。」
シ「ところで、ぼくたちしまうまがじぶんで草をたべるようになるのは、生まれてからたった七日ぐらいたってからだよ。でも、ライオンくんがじぶんでえものをつかまえてたべるようになるのは、一年ぐらいたってからなんだね。なぜだい。」
ラ「でもきみのおかあさんはときどきぼくのおかあさんのつよさにまけぼくたちのえさになってしまうんだ。」
ラ「ところで、しまうまくん、おかあさんのおちちをのんでいるのが、たった七日なんてつらいかい。」
シ「ぼくのおかあさんは、ライオンくんのおかあさんとちがってよわいだろ。もしもおかあさんがライオンにころされたら、ぼくは、ひとりでいきていかないといけないんだ。だから、つらくても、ぼくは、赤ちゃんのときからじぶんの力で生きていくんだ。」

こうした虚構の対話が説明的文章の読みの学習指導においてどのような意味を持つかということについては、授業者自身がいくつかのレベルでとらえているが、ここでは次の三点にまとめておく。

- 関係づける、比較するといった論理的思考を対話という形で体験化することができる。
- 文章を通して読みとった情報について既有知識を用いて再構成することができる。
- 自己の読みを意識化したり、批判的に読んだりというメタ認知活動をうながす。

発展学習として行われている、自分の好きな動物について説明文を書くことは、単元のテーマにもなっていて、教材を読むことの学習の目的とされている。そのため十分に取材・構想も行われたのであろう。できあがった作文は、やはり教材文と同じの五つの観点と表現形式を用いて書かれている。中には、「コディアグマの赤ちゃんとカンガルーの赤ちゃん」というように二種の動物について書かれたものもあるが、対比的な関係にある動物といった視点で書かれたものとはなっていない。

四　表現と関連した説明的文章指導の成果と課題

（一）認識方法の指導の定着

授業記録を見てきて、比較（対比）といった認識方法を説明的文章の読みの学力として身につけさせようとする授業者の意識が明確になってきている面がうかがえた。論理的な認識方法の指導は、児童言語研究会や西郷竹彦・文芸教育研究協議会など民間教育団体を中心に理論と実践が積み重ねられてきたが、説明的文章指導研究の進展の中で理論的に評価され一般化されてきた。それが実践的にも広がってきていると考えることができるのではないだろうか。

とりわけBの若林の実践は、教師が観点を設定し学習者はそれにしたがって具体的な表現内容の読みとりを行うというものでなく、比較の観点そのものを学習者自身に考えさせることを試みるものであった。

また、Cの河野の実践は、比較（対比）という認識方法を対話という表現活動によって活性化し学習者の中にスキーマとして定着させようとするものであった。これは、認知心理学の研究成果も取り入れた、認識主義的な国語学力観の一つの発展と考えられる。同時に、対話は、論理的な認識の方法を動物の赤ちゃんと母親、あるいは二種の動物の赤ちゃん同士という対比的な関係として虚構の中で身体化しているものととらえられる。このことは、認識方法をどのように獲得させるかという指導方法論に対してだけでなく、認識方法を身体性との関わりにおいてとらえる点で学力論に対しても非常に示唆的である。

ただ、子どもによる対話は、必ずしも客観的で論理的なことばかりではない。主観的な知識、時には誤った知識や推論も含まれている。河野による高学年での実践では、学習者同士に筆者になりかわって対話を行わせている。そこでは誤りは対話の中で修正されより高次の認識へと深められる機会を得ている。だが、低学年段階の、特に個人内の虚構の対話では、客観性と主観性、論理性と情緒性とが渾然一体となった形で表れる。説明的文章教材で論理的な認識を形成するというこれまでの観点からは評価の難しい側面がある。

(二)　実践史的課題の視点から

実践史的な課題という視点から授業記録を見た場合、文章の対比的な構造を筆者の説明の工夫として、学習者に意識的にとらえさせる授業過程は見られなかった。そういう点で、森田の指摘した課題は依然として残されていると言える。筆者の工夫を一年生に考えさせる発問など指導方法開発の問題がある。

しかし、これらの授業記録が一年生段階の学習者の実態を示すものととらえると、それを意識化するのは一年生には難しいことを表すとも考えられる。また、教師が持つ読みの学力観や発達観という点からとらえるならば、筆者の工夫を読みとることを国語学力の中で重視していないというのではなく、一年生の段階でそれを身につけさせるのは難しいという発達観を授業者が持っているとも考えられる。このことについては、仮説に基づいた授業や学習者への調査、あるいは授業者へのインタビュー調査をともなった授業観察などによって検証する必要がある。

（三）書くことと結びついた学力育成の視点から

三つの実践とも単元の発展段階の学習として学習者に説明文を書かせており、説明的文章指導における表現活動と結びついた実践の実態が改めてうかがえた。教材を基準に大別すると、教材の形式に沿って書かせたものと、沿わないものとが見られた。

教科書教材と同じ五つの観点で取材を本格的に行わせ、ひとまとまりの文章を書かせるという点では、実践BやCなどに一定の成果が見られた。この場合、教材の形式・観点に沿った情報をどの程度取材できるかということが、指導計画の段階でも学習者が実際に書く段階でも問題になるが、それを保証できれば、一年生でも教科書教材の表現を借りながら説明文を書くことが可能だということが実践を通して明らかになってきている。その意味で「どうぶつの赤ちゃん」は表現教材としての価値も高いと言えるだろう。

一方で、こうした作文、例えば実践BとCで書かれた作文に、対象となる動物およびその具体的な説明内容とが異なることの他、構成や表現形式などの違いが見られないことが気になった。実践Cの二つの動物について書かれた作文（「コディアグマの赤ちゃんとカンガルーの赤ちゃん」）を見ても、対比的な関係にある動物の説明というものではなく、同一の形式で書かれた文章が並んでいるという印象を免れ得ない。しかし、集めた情報に沿って表現や構成を工夫することは、もともと一年生の段階では困難だとも判断され、むしろ、説明文を書くことを学習課題とした場合、学習活動としても実践としてもヴァリエーションを持ちにくいことに課題が見出される。

これに対し、教材の形式とは異なった形での表現活動には、先にも述べた実践Cの対話のように新たな展開が見られた。対話には様々なヴァリエーションも考えられ、実践としての工夫や発展が可能である。表現行為を学習の結果をまとめるものとしてだけでなく、学習の過程で理解を深めるものとしても位置づけることができる。

なお、学習のまとめとして作文を書かせるものは、表現という側面からの評価は難しく、表現力を身につけさせる学習指導とは言い難い。

以上、表現と関わらせた説明的文章の授業実践のあり方について、低学年教材「どうぶつの赤ちゃん」を取り上げたものを中心に考察してきた。今後は、ここで課題として述べたことを視点として、他の学年・教材について分析・考察を行っていきたい。また、実証的な研究も進めたい。

注

(1) 寺井正憲「説明的文章教材の学習における自己世界の創造」『月刊国語教育研究』第三一七号　一九九八年九月号　五六頁

(2) 櫻本明美『説明的表現の授業』(明治図書、一九九五年)は、説明的文章の読むことと書くこと、理論と実践とを結び合わせた研究である。

(3) 小田迪夫『説明文教材の授業改革論』明治図書　一九八六年　七七頁

(4) 森田信義『説明的文章教育の目標と内容』渓水社　一九九九年　四九～五〇頁

(5) 森田信義編著『説明的文章の研究と実践　達成水準の検討』明治図書　一九八八年

(6) 注5および注7の文献

(7) 植山俊宏「説明的文章教材の教材性に関する考察(1)－『どうぶつの赤ちゃん』を例に－」(『教育学研究紀要』第三八巻第二部　一九九二年　四九～五四頁)に詳しい。

(8) 前掲書(注5)　五九頁

(9) 河野順子『対話による説明的文章セット教材の学習指導』明治図書　一九九六年

II　明治・大正期における日記文指導の研究
――自覚的な書き手を育てる指導を求めて――

岡　利道

一　研究の目的

筆者は、日記文指導についての通史的研究を手がけようとしている。日記文という特定の文種に注目し、その指導の通史的研究という立場から、これまでの作文・綴り方教育史研究では明らかにならなかったものを見出していこうとするものである。

岡（一九九九）では、次のようなまとめをした。

日記文は、文種としては生活的・実用的文章であり、書き手にとって書く必要があることを記録していくものである。

そうした記録性をもつ日記を書くということが、古来、歴史の中でどのように広がってきたのだろうか。公的な機関・部局などのような大きな組織から家に広まり（家の場合においても、公家から武家へ、さらには農・工・商を営む家へという流れがある）、個人に下りてくる。成人の一部にしか行われなかったものが、多数になっていく。成人から年少者へ、男子から女子へと伝わっていく。記す内容も、勢い公的なものから私的なものへとなる。私的になっていく日記は、出来事を客観的に描くという内容だけでなく、（日記文学の影響もあるだろうが）自照的なこと、即ち自身の反省や思索（あるいは自我の直接的・自律的な表現）を描くという内容も見られるようになる。

以上は近世までのことであるが、現代において、日記を書く価値はどのように捉えられていようか。成人の場合から押さえていく。哲学的な捉え方として、日記を書くことでもうひとりの自分（半身＝本当の自分）と対話しつつ自己の魂・精神を高めていくことができる、というものが挙げられる（哲学者・美学者の今道〔一九九八〕の述懐に依拠する）。心理学的な捉え方として、日記を書くことにより自己開示がなされる、あるいはセルフカウンセリングがなされる、という側面を見出すことができる（心理学者の榎本〔一九九七〕の見解に示唆を得た）。学齢期の児童自身が日記を書くことをふりかえり、価値づけをした作文の分析からは、子どもたちが日記を「世界でたった一冊しかない心の成長アルバム」と捉えている記述が目を引いた、また他の児童の考えを集約して述べていると判断された。児童のうち、書いたものを読んで指導してくれる教師に感謝している、即ち指導の効用を裏付ける内容を記述している者もいた。これは、本来は他者に公開するものではない学習者のプライベートな記述内容に、教師がいい意味で介入し、文章表現力の練成を図り、認識を深めていく支援をしていくという教育的営為の妥当性の証左となるものである。

さて、日記文の指導という教育的営為を取り扱う以上、通史的研究では、近代以降のところを見ていくことになる。滑川（一九七七）によって、日記文指導をわが国で初めて提唱した高橋省三の存在が広く知られるところとなった。高橋は、明治二三（一八九〇）年刊『幼年文範』（学齢館）において、形式模倣の作文が多いことに反発した、即ちそのような学校作文教授を批判した。記事文の範囲に限られるが、ここに後年の写実主義綴り方の源流を見ることができる。大正中期後わが国の綴り方教育の標榜語となった「見たまま、聞いたまま、したままをありのままに」が、すでにここにおいて強調されている。これらが、滑川の主たる指摘であった。

次いで滑川（一九七八）において、大正四（一九一五）年発行の五味義武・駒村徳寿著『写生を主としたる綴方新教授細案』(目黒書店刊）にある日記文の指導を見出すことができる。五味らは、「綴り方は、所謂美文練習を目的とする教科ではない」と言い切る。「綴り方指導の主点は、思想を文にまで導く作用にある」と主張し、写生と結合させたのは新説であった。また、写生主義を唱道する中で、日記指導、韻文指導の重要性を強調し実践したことは、大正期童謡運動や「赤い鳥」綴り方の前夜的状況にあって、それへ発展する文芸的要因をもっていた。凡そ、このような捉え方がなされている。

同様に、大正六（一九一七）年に出版された成蹊小学校訓導桂田金造著『尋常一年の綴方』(成蹊学校刊）が、日記文指導を大きく取り上げているとした。桂田は、綴り方教育に「生活」の概念を自覚的に導入した最初の人であり、小学校の綴り方教育に「生活」を登場させ、自己内面の心の生活を書く立場を提示した。心の生活、心の経験を書かせるために、桂田は、教師は高い座からおりて「児童の味方として」児童と話をし、どんなにくだらない愚にもつかない話でも聴いてやる、「これが最初の手段」であるとした。なお他誌（「新教育」第三巻第一一号）にもまたがるが、桂田は日記の価値を以下のように認めた。規律ある生活習慣、反省、備忘のため、あるいは「観察を正確ならしめること」「各自の経験にまとまった中心を作らしめる事」「あわせて文章の練習として」課していると述べる。日記を綴り方指導に生かし、生活指導（当時このことばは成立していないが）に生かした。そして、仕事・生活＝文章という境地を、伝統的な「文章道」と解釈した点は、東洋的認識につながるものであった、と滑川は締め括っている。

このような成果を大切な座標軸としつつ、本研究は、とりわけ大正期に注目し、中でも成蹊小学校における日記文指導の実際を詳らかにしようとするものである。成蹊小学校においては、上記の桂田以外にも、魅力的な実践家を輩出している。ここでは、その一人である吉村九作の考えにスポットを当てる。また、高橋の考えを、滑川（一九七七）よりも細かく把握するようにしたい。文例のレベルまで下して捉える。それにより、明治期から大正期にかけて、日記文指導についての考え方にどのような変容が見られたのかを、文例に即して具体的に摑むことができると考える。あわせて、高橋と吉村は、自覚的な書き手を育てるために、どのようなことに重点をおいて指導したのかを探りたい。

二　研究の方法

先のねらいを達成するために、次のような方法をとることにする。

まず、高橋省三の考えを丹念におさえる（ア）。次に、成蹊小学校の吉村九作の考えについても、同様にする（イ）。以上を、「三　研究の結果」で示す。従来の作文・綴り方教育史研究では、マクロな捉え方をするということが基本的なスタンスとなっていたため、「丹念におさえる」ということができなかったと思われる。本研究は、ねらいを定め、つぶさに記述内容を追いかけていくという手法をとる。

そして、アと比較する中で、イの価値を明確にしていく。その際、先にも触れた滑川（一九七七、一九七八）以外の先行研究、即ち野地（一九七二）・高森（一九七九）・田中（一九八八）の成果とつき合わせるようにする。なお、それぞれにおいて論及の対象となっている人物を挙げておくと、次のようになる。

野地（一九七二）→友納友次郎
高森（一九七九）→日比野朝子、高橋長太郎
田中（一九八八）→芦田恵之助

また、関連的に、当時の国定国語教科書における日記文教材ともつき合わせるようにし、イの価値をより明確にしていきたい。以上を、「四　考察」で示す。

三　研究の結果

（一）高橋省三の所論

①　総論

日記文の書き方についての基本的な考えを、高橋省三は以下のように著わしている。

今まで世に出でたる少年の作文書に、日記といふことあらざれども、是れは一大缺典なり。少年の文を学ぶには、日記を作ること何より大切なることなり。実地の効能はいふまでもなし、文章の稽古になること、是れより大なるはなかるべし。日記を必ず書くことゝせば、某日の出来事は書かざるべからざるが故に、如何なる日にても、多少の文章を書かざるを得ず、多少の文章を毎日書かば、書くこと自然と熟練するは勿論の事なり。

日記は最も実地の通りに書くことを貴ぶなり。少年の折の稽古には、苦心して文を煉るもよろしけれども、毎日書くべきこと故に、苦心は長く続き難し、又苦心して字句を煉らざるべからずとなれば、書くこと漸々オツクウになりて、遂には書かぬ様になるは誰しも免れざることなれば、左程苦心するに及ばず、文も煉るには及ばず、事柄が解ればよしとして、唯違わぬ様に書き留め置くべし。

苦心せずに唯事柄を違わぬ様に書きたるのみにても、自然と文は進むものなり。又日々の事、細大となく記すときは、文を書くことに慣れて、何事を書くにも、筆を採ることが苦にならず、文を書くは、唯三度の食をなすが如くになるべし、是れが何よりよきことなり。（同書一〇九～一一〇ページ）

「実地の効能」とは、実用的価値があるということであろう。さらに、「文章の稽古」としては、日記を書くことが一番だと主張している。日記を書くことは、いい綴り方を書くための有効な練習だと捉えられたのである。そのため、「毎日」書くことも奨励される。

書くにあたっては、「実地の通りに書く」ということ、即ち「苦心せずに唯事柄を違わぬ様に書」くということが、具体的方法として挙げられている。

②　各論Ａ（三つの体裁）

それでは、より具体的に述べている部分を取り上げ、その特質を確かめたい。

日記に様々の種類とてはなし、唯其境遇によりて異なるなり。家に在る間は、家に在る間の日記、他郷に在るときは他郷に在る日記、又旅行中は旅行中の日記となるべし。併し我が日記につける題目は、勝手なり。雅語を用ふるか、俗語を用ふるかも其意に任すべし。但し題名は何とあれ、日記は日記なり、今日記の体裁として三ツを示すべし。或は記者が想像よりせるもあり、或は記者が実地の日記もあり、唯其書き振りを示すのみ。

家に在る間の日記

七月一日。日曜。朝晴れ、正午より曇る。

朝五時に起き、小学読本四の巻十丁より十五枚復習す。

八時頃、田村君来る。与に吉井君を訪ひ、山中の池に至り、魚を釣る、三人とも一尾も釣れず、暑さ甚だしき故に、遂に池に入りて泳ぐ。十二時帰る。

午后より兄と与に、小川に行き、網をもつて魚をとる、鮒百尾ばかりを取る、帰りて之を炙り、田村君吉井君を呼び、夕飯を振舞ふ。

夜に入りて雷鳴る、雨振らず、むし暑きこと甚だし。

夜宿題の作文を書く、十一時床につく。

同　二日。曇。月曜。

学校に行く、別にかはりたることなし。

午後より母と与に買ひ物に行く、途中にて犬に吠えらる。筆を買ふ。

夜隣に行き、昔話を聞く、秀吉の少時、最も面白かりき。

床に就くとき、誤りてランプのホヤを破り、母にしからる、余の疏忽なり。

遊学中の日記

遊学中の日記に大切なること色々あれども、必ず書くべきは金銭の事なり。

金銭の事を文中に書くは、下品なりとて書かぬ事常なれども、日記には書く方よし。他の文には、書き加へざる方よかるべけれど、日記は実用を第一として、敢へて他人に示すものにもあらざれば、書き入れて、更にさし支へなし。金銭には兎角誤りの生じ易きものにして、誤りは万事破れの本となれば、金銭は大切に取りあつかはざるべからず、大切にせんには日記に書くべし。何日に幾円故郷より請け取る、何銭誰より借る、何日に何円払ふ、何銭返すと、細かに書き置くべし。忘るゝといふことなく、随て他人に不義理になることもなかるべし、何より大切のことなり。

十一月廿日。木曜。雨。

八時半より学校に行く、中原教師欠席につき十一時より帰る。

正午より明日の下読みをなす、十枚。

はがき山田氏より来る、因て本郷の同氏宅に至る、山田氏至急の書きものありとて余に十枚ばかり書きものを托す、六時までに書き了り、夕飯を食ひて帰る。夜国に出す手紙を書く。

同廿一日。金曜。晴。

　朝五時起きて門外を散歩し、八時半より学校に行く。

　（中略）

同廿四日。晴。月曜。

　今日は学校臨時休業なり、蓋し普請の為めなり。朝八時石井大和田山田加藤四君来る、今日浅草に至り、パノラマを観ることを昨日約したる故なり。即ち歩して浅草公園に至り、パノラマに入る。入場料一人十銭なり。入口より暗き道を十間ばかり行けば、階子段あり之を登れば、少し明るく、台の上に出づ。台は円形にて直径六七間ばかりなり。此台を囲みて油画あり、台と油画との間は五六間もあるべし。画と台との間には実物を陳列し、何れより画なるや知る能はざらしむるなり。此パノラマは、米国南北戦争の中、ミスシッピー河畔にて、グラント将軍が南軍の堡砦を攻め破る図なり。画は真に迫れり。中間に在る実物、即ち人形、破れたる大砲、小銃、靴などの配置よろしきが故に、実に画とは思はれず。余等四人大に其巧みなるに驚きたり。肉眼故にかく美はしく、実地らしく見ゆるなるべし、望遠鏡にて見ば、必ずアラも見ゆべしとて、大和田君は双眼鏡を取り出して之を見しに、不思議にも、益々鮮かにして、益々実に迫れり。路傍雑草の如き、花を開きたると蕾なると相交わるまで見ゆ。此画を作る者は、仏人ヂフトなりと聞く、其妙技驚くべし。加藤君曰く、先日上野に在るパノラマを見たれど、これに比せば、同一物と思はれず、是れが錦ならば、あれはボロなりと。外より観たる形は此図の如し。（図略）パノラマを見し後、公園の池畔を散歩し、観音堂に昇り、一拝して多くの額を見る。加藤君は画を専門にする人故、殊に画に精し、余等に一々指して筆者を教ふ、源三位頼政が鵺を殺す図は、嵩谷の筆なり、嵩谷は一時の名人なりしと。一ツ屋の老婆の額は豊国なりと、豊国は初代と二代とあり、是れは二代にして、浮世絵にては最も名人なりとぞ。十二時ごろ山田君の別宅に至り午餐の馳走になる。同君の父は紳士にして、別宅所々に在り、此日は向島の別宅に行きしなり。庭広く家甚だ清潔なり。四人シッペがけにて、トランプをなす。余大に負けたり、午後四時帰る。

故郷より綿入及び羽織通運便にて来る。因て直に手紙を出す。

夜下読す、十一ページ。

旅行中の日記

旅行中の日記も平生の日記と違ひはなけれども、これは別に綴ぢて別に書き初むる方よかるべし。又平生も細かに書くこと大切なれども、別けて旅行の日記は詳かに書すべし。後日の助けとなること最も大なり。又歩みし里程何処より何処までは何里と其里程を書き置くべし。其地に聞きし珍事も記し置くべし。今此に神戸より九州に至る間の日記を書して、其一例を示すべし。

五月十一日。快晴。

夜八時、汽船吉野丸に搭じて神戸を発す。船客非常に多くして混雑譬ふるにものなし。甲板に出づれども、月なく、四面更に見えず。唯彼所此所に灯火の蛍の如くなるを認るのみ。（後略）（同書一一〇〜一二八ページ）

「家に在る間の日記」「遊学中の日記」「旅行中の日記」を三つの体裁とし、それぞれに「書き振りを示す」として、文例を掲げている。全体に関わることとしては、日記につける題目について、日記を雅語で書くか俗語で書くかについて、それぞれ書き手の裁量できめるように促されている。題目は、日記帳につけるものか、一日分のそれぞれにつけるものか不明だが、文例を見る限りでは、前者の方だと思われる。

「家に在る間の日記」の形式は、月日・曜日・天気の記録と本文の記述である。本文は、出来事中心だが、ところどころに書き手の心情や判断も見られる。書き手の心情や判断は、「暑さ甚だしき故に、遂に……」「最も面白かりき」「余の疏忽なり」などである。

「遊学中の日記」の形式は、「家に在る間の日記」と同じである。「必ず書くべきは金銭の事なり」と、特別な注意が与えられている。文例の中で最も長いのは、「パノラマ」を見たことが書かれている日記である。書き手のしたこと・見たこと・聞いたことが、かなり詳しく書かれている。やはり「家に在る間の日記」と同じように、書き手の心情や判断（「其妙技驚くべし」「画は真に迫れり」等）が入っている。必要によっては図（ここではパノラマの外形のスケッチ）を添える、ということも暗に示されている。

「旅行中の日記」の形式は、月日・天気の記録と本文の記述である。別綴じとして、ふだんの日記よりも詳しく書くことを奨励している。紀行文への発展を想定しているためでもあろうか。内容・書き方については、「家に在る間の日記」「遊学中の日記」と同様であると見てよいだろう。

③　各論B（文範）

最後に、高橋が理想とした日記文に触れておきたい。二大家として、曲亭馬琴・高山彦九郎の日記が引用されている。ここでは、馬琴の例を見ることにする。

天保六年の日記　　**曲亭馬琴**

五月朔日。己未。曇。昼時より晴れ。夕方より曇。

四時過ぎ土岐村老尼来る。先日より芝宗之介へ罷り越し、久しく逗留、今日かへり候よしなり。雑談数刻帰り去る。

両三日前より初鰹出づ、今日片身を買ひ得たり。一尾の価、金一朱余なり、片身二百二十四文を費しぬ。

八時頃よりお百太郎同道にて、牛込寺町円福寺へ参詣。往返とも飯田町清右衛門方へ立寄る。両人とも暮六ッ時前帰宅。

昼前より宗伯頭痛、悪寒、且つ例の痰痛にて乳の辺痛み候よしにて打臥す。夕方より苦悩、夜中睡らざるよしなり。

予八犬伝九輯十一の巻百十二回十五丁までつけ仮名、夕七ッ半時頃までに稿し畢り、誤脱校閲の為め宗伯にわたし置き候へども、宗伯病苦にて果さず、之に依つて夜に入り予再読、誤写心付候分、之を補ふ。(中略)

この日記を見ば、何人も其細密なるに驚かざるはなかるべし。流石は後世に名を残す程の学者なり、万事に注意して、決してやりばなしの事なきこと見るべし、文も分り易きを主として、更に飾り気なし、是れ大家の大家たる所なり。(同書一三四〜一四二ページ)

高橋は、書かれている事柄の細密さ、仕事の途中経過などを克明に記しておく注意深さなどを強調している。また、文の表現がわかりやすく、飾らないものであるという特徴を見出している。初学の人たちに大いに参考にさせたいとの意図が感じられる。

(二)　吉村九作の所論

吉村九作は、桂田金造の同僚として働いた教師である。以下に取り上げる成蹊小学校編『教へ子を導きつつ』(大正一一年、成蹊学園出版部)における吉村の執筆部分には、彼が成蹊小学校に入った大正七年から徐々に形成されてきた日記文の指導論が全編に溢れている。両者の影響はあろうが、吉村独自の突っ込んだ見解が多数見られる。記述を読むと、吉村が最も熱心に日記文の指導を行っていたかもしれない、との思いも沸く。しかしながら、吉村が成蹊小学校に在職していたからこそそうした日記文の指導論が展開できたのである。吉村の論は成蹊小学校の教師集団によって形成された日記文の指導論とほぼイコールであろうとの捉え方をしていきたい。

吉村は、成蹊小学校に大正七年の四月に赴任している。その年、五年女組を担任する。五年男組担任は桂田金造であった。桂田は突如成蹊を去るが、その直前同じ学年部を担任したことになる。吉村は一七年の長きにわたり成蹊小学校に勤め、昭和一〇年三月に退職する。

吉村の記述部分は同書二四九〜四二八ページであり、他の執筆者の誰よりも長い。これ以降は同書からの引用をもとに岡の方で整理した事柄を示す。

①　修養としての日記

吉村は、日記を、本来の日記と修養日記（文章日記）との両面から捉えている。

本来の日記とは、日々の経験、交際、財政等あらゆる出来事を書く場合のものである。他日の生活の参考に供する、あるいは証拠にする必要があり、記録するものと捉えられている。

修養日記とは、まず一日一文から始める。一日の中に、苦しいが、忍耐し努力するということがあるのもよいとの考えのもとに、毎日欠かさず書かせる。

この「修養」としての日記という側面について、吉村は次のような例を引き、さらに強調していく。


　苦行が即ち修行の最後、最善、全部であるとはいはれませんが、十二、十三位からそろそろこんな意味の経験もよいのではないかと思われるのであります。仮令一年でも、二年でも真面目に、日記を書くといふことに苦心するのは、真に尊い体験の一つでやがては直心是道の意義も自知させることが出来、終世忘れることの出来ない快味をおぼへさせることになると思はれるのであります。

かうして今日では日記をかくことが楽しみになつてゐる子どもが沢山あります。文をかくばかりでなく題の上に『カツト』を工夫したり、お誕生日には『私の幼時』といふ題で小さいときのことをかいて、その時の写真を貼りつけ、お祖父様、お祖母様といふ題の所にその写真を貼りつけて、文とおもかげを比べて有るたけをつくして思ひ出のみのりをよくするといつた態度が表はれて来ました。

次ぎに、この頃の日記から二つ三つ、お目にかけたいと思ひます。（中略）

十月二十六日

お父様の御命日

今日はお父様の御命日だ。

お父様のおなくなりになつたのは私が一年の時だ。そうだからもう五年たつたのだ。私はこの五年の間、一日でもお父様を思はない日はない。皆様が、

『お父様にしていたゞいたの』

とおつしやるのを聞くと、ほんとうに幸福な方だと思つてうらやましくなる。

福田様はお父様が呉においでゞ時々お帰りになる。時々お目にかゝるほどうれしいことが外にあらうか。しかし私のお父様にお願ひしても、どうしても、二度とお帰りになることはない。

お父様さへ生きておいでだつたら、今頃は、住吉にもつともつと大きな家を建てゝ、安楽に暮らせて居たのだ。お父様がなくなられてからは、お兄様方がお父様よりお偉くなるやうにと一心に祈つてゐる。私も一心に勉強して、お父様のお心をつぎたいと思つてゐる。（六女）

この子どもは五六年になつてから、お父様といふ題でいくつ文をかいたかしれませんがいつも、泣かされるものばかりです。いつも、おからだは亡くなつても御霊がお護りしていらつしやるのですよ。とかきそへてや

ると満足したやうな様子であります。(同書三〇五～三〇八ページ)

吉村は、特にこのような日記を挙げ、修養の成果の有力な実例とする。形式の面のことになるが、この六女が記しているように、月日の次に題目が入っていることが特徴的である。思想をまとめるために、題をつける指導があみ出され、子どもの日記文の冒頭に形となって、日常的に根づいているのである。全員がそうだというわけではなかろうが、カットを入れたり、写真を貼ってエピソードを書くことなども取り入れ、「有るたけをつくして思ひ出のみのりをよくするといつた態度」を持った子どもが出てきたことを強調している。

②　ことばを書き添えるという指導

①を受けて、ここで一つ特筆したいことは、吉村が児童の日記文を読み、ことばを「かきそへてやる」(「評をつける」「短評を付け」ると表現している箇所もある)という実践をしていることである。児童の日記に教師がことばを記して返すという、一種の個別指導が行われている。「お父様の御命日」を書いた六女へは、境遇を察し、励ますことばが書き添えられることになる。児童により、日記文の内容により、そのことばは変わっていったに違いない。少なくとも、成蹊小学校では、大正一〇年前後のところで、日常的にこのような個別の指導がなされていたことは確かである。

修養という側面に大いなる意義を認めている吉村は、自己の使命感として毎日児童の日記を読み、出来得る限りことばを添えて返すという営みを続けた。こうした営みは、吉村自身にとっても修養であったのだろう。

日記帳は普通の雑記帳を用いていたが、表紙は大抵吉村自身が書いてやっていた。単に日記としないで、「歩み し跡」「心の影」「自知冷暖」など、各児童に適した表題にしてやるという念の入れようである。児童に日記を奨励する上で、ただ声をかけるだけでなく、隅々まで細かい配慮が行き届いている点は見逃せない。また、保護者にも彼の指導の意図がしっかりと伝わっており、協力も得られている。毎夜寝つく前、「日記は書きましたか。」と注意してもらっているほどだ、との記述も見られる。

吉村は、「日記を書くときの約束」として、児童に次の三点を指導している。児童が目的意識をしっかりと持つよう、三つに絞って覚えやすくしている。それにより、児童の心の中に、吉村の願いが一気に浸透していったのではあるまいか。ここで、修養のために書くのだということが、平易な表現で言い換えられている点に注目したい。実際の記述内容を引いてみよう。

一、かくことは
　今日の中で一番おもしろかつたこと。苦しかつたこと。可愛想だと思つたこと。美しいと思つたこと。等の中から題をとる事。但しなるたけおもしろかつた。うれしかつた。などゝいふ言葉はつかはないで、事実を委しくかいて読むものに感じさせるやうにすること。
一、字。《ママ》は
　丁寧にかくこと。僅かな時間に二十六の文を見て評をつけるのであるから粗々にかいたのではとてもよめない。是非、一見して全文の美しさが直観出来る程度をねらつて。
一、自分の為めに
　書く修行。決して先生の為めでも何でもない。

などゝいつてをります。

　処理はまづ通読して短評を付けてをります。雨天のため外遊の出きない時は、輪読してお友だちのをかゝせるやうにさせてをります。評には、

(1) 文字きれい。昨日のよりよみよい。
(2) 字が昨日とくらべてずつと美しくかけました。
(3) 文の内容に対する同情のことば。指導。等をかいて時に文のよく出来たものに評点を附すことがあります。(同書三一三～三一四ページ)

「日記を書くときの約束」の一点目が、何を書くのかという、題材についての指導である。あわせて、どのように書くかという方法・技術上の注意も与えている。この、どのように書くのかという部分には、桂田の影響を見て取ることができる。二点目が、文字指導・書写指導に関わることである。読み手への思いやりという心情面の指導ともなっている。三点目が、書く目的に関わる指導である。「修養」よりも「修行」とした方が児童にはわかりやすかっただめだと思われる。処理に関わることとして、短評・評点をつける指導についても、具体例を挙げている。

四　考　察

第一に、日記文を書く目的について見てみよう。

高橋省三は文章の「稽古」のためだと捉え、吉村九作は日記文を書くことそのものを「修養(修行)」だと捉えた。高橋の言う「稽古」は、練習の意味に近い。練習を重ね、次第に熟練していく。熟練していくのは、あくまでも日記文であり、その発展としての綴り方である。吉村の言う「修養(修行)」は、苦心して続けることによって、のちに楽しみに変わっていくという努力体験を指す。その結果、充実するのは日記文、あるいは総体としての日記・日記帳そのものである。日記文中において、「思い出のみのりをよくする」ことにもなる。ひいては、「自分の為めに」

なるのである。書き手に育てるべき〝書く目的の自覚〟は、吉村にいたって、大きく変わってきたと言わざるを得ない。

ここで、「修養」の問題を、別な角度から捉えてみたい。田中（一九八八）では、芦田恵之助著『尋常小学綴り方教科書教授の実際』（一九一二年、宝文館）における日記の指導に言及がある。日記の指導は、学習帳の指導と同様に、綴り方における「自修の有力なる方法」であり、尋三では、まず日記を書くようにすることを目指し、尋四では、日記を文章の修養とする心得として、「精叙・略叙」の方法を示し、尋五では、名文を示す指導を行うなど、発達に応じた指導が工夫されている、とまとめられている。成蹊小学校は、芦田の随意選題論に大いに学んだが、日記を書くことに関わる「修養」観は、明らかに異なっている。芦田の言う文章の「修養」は、高橋の言う「稽古」に近いのである。また、大正四年の創設段階から、成蹊小学校は全学年とも日記を書かせたのであり、尋三から始めるという芦田の方針（同書の範囲で）とはくい違っていたのである。

関連して、友納友次郎の日記文指導論も取り上げたい。野地（一九七一）に注目する。そこでは、友納著『綴方教授法の原理及実際』（一九一八年、目黒書店）の、「練習目的論」による綴り方教授の系統表に、日記文の指導の項目もあることが紹介されている。やはり、指導は尋三から始まっている。尋三・尋四の指導内容は「特別の出来事及び日曜日記等」、尋五・尋六の指導内容は「継続して練習せしむ」こと、高一の指導内容は「各種の実際的の日記」、高二の指導内容は「参観記旅行日記等」、となっている。やはり、練習重視の姿勢が貫かれており、成蹊小学校の方針との違いがわかる。

第二に、日記の書き方について見ていく。

高橋は、「苦心せずに唯事柄を違わぬ様に書」くということを重んじた。見たこと、聞いたこと、したことをありのままに書くのである。吉村の場合は、題の取り方に始まる「約束」ごとなど、より実際的・具体的に示されている。「但しなるたけおもしろかつた。うれしかつた。などゝいふ言葉はつかはないで、事実を委しくかいて読むものに感じさせるやうにすること」との留意点は、高橋の考えに大いに通じる。記事文本来のすがたを大切にしようとするものである。

念のため、当時の国定国語教科書の教材としての日記文はどのようなものであったのか、確認しておくことにする。『日本教科書大系』より引用する。

○文部省編『尋常小学読本　巻六』明治四三（一九一〇）年出版→第二期国定国語教科書

第十一　太郎の日記

十二月十日　日曜　晴

今日は天気がよくて暖いから、うちではすゝはきをした。僕も手ぬぐひをかぶつて、手つだひをした、ゆか下から去年なくしたこまが出てうれしかつた。うちが見ちがへるやうにきれいになつた。ゆにはいつて、ごはんをたべると、つかれてすぐにねてしまつた。

十二月十一日　月曜　雨

道がわるかつた。学校で徳川光圀の話を聞いて、紙などをそまつにしてはならないと思つた。（後略）

○文部省編『尋常小学国語読本　巻五』大正八（一九一九）年出版→第三期国定国語教科書

四　松太郎の日記

四月二十一日　土曜日　雨

今日から日記をつけることにしました。

学校からかへつて見ると、広田君からゐはがきが来てゐました。

北国にも春が来ました。うめやもゝやさくらがみんな一しよにさいてゐます。これだけはお目にかけたいと思ひます。

と書いてありました。

四月二十二日　日曜　晴

朝、おさらひをすましてから、春子とつくしをつみに行きました。かへりみちに、はなれ馬がとんで来ましたので、どうしようかと思つてゐますと、よそのをぢさんが大手を広げてとめて下さいました。（後略）

いずれも尋常小学三年の内容である。およそ二〜三文の構成で書くようになっている。日付と曜日と天気のみの箇所もある。実用文、記録、備忘としての日記の書き方を身につけさせようとの意図がありありと窺われる。残念ながら、吉村の執筆部分からは、同学年同時期の日記文の例を見つけることができないため、比較対照することはかなわない。読本の日記文教材を尊重して指導した場合、書き手自身に、書き方についての確固たる自覚を形成させ得るのであろうか。

この問題について確かな結論は出ないが、手がかりは一つある。『教へ子を導きつつ』の吉村の執筆部分に、国定国語教科書の日記文教材について触れられた部分がある。その箇所は省略された内容が多いので、前後の文脈から類推すると、次のようになる。ある年の四月、彼の担任する六年の学級に、転入生がやってきた。女児である。四月八日に、全学園児童生徒が集まって、お釈迦様の誕生記念祭が行われた。翌朝、その女児は、次のような日記を書いてきた。

今日はお釈迦様のお誕生日なので、九時から中学の講堂で式があつた。おはなしがあつてから音楽があつた。

それから狂言があつた。
余はこの文を見て、尋読六の『太郎の日記』を標準として、尊い自己を没却して生活するやうに仕向けられて来たのであらふと思つた。尋二の子供でさへ三枚も四枚もの原稿用紙を費やしたものがあるのだ。それからはこの迷から遁るる為めに常に、自己の内省に力むるやうに仕向けていつた。（同書三七二〜三七三ページ）

読本流では駄目だと言うのである。発奮し、成蹊流・吉村流の指導が始まったのである。秋になり、一〇月六日になった。続いて、同児のその日の日記が引用されている。日記帳に表紙をつけている。破れるほど使いこむので、今ので三度目になった。またとれてしまったので、今度は母親に頼んで、布製で刺繍を入れたものにしてもらった。このような内容で始まる、日記帳に愛着を感じる気持ちが語られた文章である。吉村自身、同児の成長ぶりに感嘆する。そして、「只自己の内省によつて自知したのであらふ。偽らず、飾らず、自己を綴り得た所に尊い何物かがあるやうに思ふ。」と締め括る。国語読本の教材より上のところをめざしていた成蹊小学校ならびに吉村の意気込みが、確実に伝わってくる。

吉村は、「尊い自己を没却し」ないで、「偽らず、飾らず、自己を綴」るのだという自覚を、書き手に植えつけようとしたのである。高橋の著作が自学自習の書であったゆえの限界もあるが、ここのところが、吉村の論の極めて優れた点であると考える。大正期に入り、成蹊小学校のように日記文指導が学校教育現場に根づいたとき、このように、書き手への〝書き方の自覚〟の指導が形をなしたのである。

さらにここで、吉村の〝書き方の自覚〟の指導が実際に実を結び、子ども自身の力となった例を見ておこう。日記文だけではなく、綴り方全般について意見を述べた文章である。やはり、六年の女児である。個人を特定できる材料は記されていないが、先の女児と同一人物ではないかと思われる。

よい文と悪い文

私は成蹊に入るまでは、文はよい言葉を遣つて、無暗にかざるのがよいのだと思つてゐた。それは前にお習ひしてゐた先生が私たちに色々の飾つた言葉を教へて下さつて、よくかざつた文にはいつも三重まるをつけて下さつたのがもとである。

この学校に入つたら、皆様の文がありのまゝで、一寸もわざとかざつたといふ様な所はない。読んでいただいても本当に面白くて、目の前に見てゐる様にかけてゐる。

先生はいつも『文のよくできてゐるといふのは、いやに飾らないで、本当のことをかいたのだ。』とおつしやる。私は始めて気がついて、それからはむやみに飾らないやうにしてゐる。

私の文のよくかけた時は、よい題のあつた時。頭がせいせいしてゐた時。準備のよかつた時などである。私は早く文が上手になりたい。そして花子様のやうにいつどんな題を出されてもすらすらとつゞれるやうになりたい。（同書四二五ページ）

この児童は、「むやみに飾らないやうに」との自覚をもって書くようになった。さらに、「文のよくかけた時」のふりかえりから、「よい題」の設定、「頭がせいせい」していること、「準備」を整えておくことなどの要素も自覚化されつつあることが想像される。

第三に、日記に添える指導のことばについて検討したい。

高橋の著作は作文書であり、児童生徒が自学自習に用いたものである。ゆえに、本観点を適用するには無理がある。『教へ子を導きつつ』は実践書であり、その逆となる。指導のことばについての言及がないこと、即、高橋の論の不備だとは決めつけられない。指導のことばといった評価や処理に関わることは、指導実践が継続されたときに、自然と、現れるべくして現れるものだと受けとめたい。だから、本研究においては、明治期にはなかったけれども、大正期には現れたのだ、との見方をするだけで、質的変容を云々することはしない。

吉村は、ことばを「かきそへてやる」（「評をつける」「短評を付け」る）ということについて、具体例を三点ほど挙げている。やはり注目すべきは、「文の内容に対する同情のことば。指導。等」との表現であろう。「指導」は生活指導ということになるだろうが、「同情」ということを第一に据えている点は吉村ならではのことである。先の「おからだは亡くなつても御霊がお護りしていらつしやるのですよ。」とのことばが好例となる。児童が悩んでいること、苦しんでいること等を、親身になって受け止め、励まし、力づけていったのである。吉村に対して心を開いているからこそ、児童は弱い自分までも包み隠さずに、さらけ出したのであろう。

これまで、書き手の自覚について検討してきたが、当然それは、学習者の意識に関わることであった。しかし、この〈ことば〉のこととなると、（それによって書き手の書こうとする自覚が増すかもしれないが、）むしろ教師側の〝日記文の指導者としての自覚〟が発揮されるものだ、との見方もできる。

吉村は、日記を読みつつ、評点をつける・批正するだけでは心がおさまらなかったに違いない。ことばを添えずにはいられなかった。児童と同じ、言わば一心同体のような心境となったとき、自然に沸き起こった情念がことばとなり、添えられた。そこに、ことばを「かきそへてやる」ということの原点がある、と見たい。何ゆえそこまで児童と心を通わせることができたのか。吉村自身も修養していくのだという姿勢をもっていたこと、さらに先に見たような日々の様々な努力があったことがその推進力となったのだろう。

高森（一九七九）によって、富山県の熱心な実践者の存在を知ることができる。まず、自由発表主義に立った実践として、日比野朝子の「尋常科第一学年に於ける綴り方の発達」という報告が取り上げられている。これは、明治三五年三月『富山県教育会雑誌』復刊第一号に発表されたものである。日比野は明治三三年から三五年まで県師範学校訓導まで勤めた人物である。「自己の経験」を書くことを重視し、「郊外運動ノ日記」「寒中休業日記」を書かせる実践がなされている。ただし、児童個々に対する日記文指導の細かい内容までは知ることができない。

大正期のものでは、『富山教育』大正四年三月号（No.五五）に掲載された高橋長太郎の「児童の日記」という実践が紹介されている。高橋長太郎は明治四三年富山県師範学校卒業で、大正五年には同師範附属小学校訓導となった人である。「日記は児童の物せる直個の自作文である。而もその題材は彼等の日常生活より採れる実生活の記録である。今一歩進むれば彼等の精神生活の通帳であり、兌換券である。」といった理念をもって指導されていたことがわかる。高橋長太郎が「実施方案」として工夫しているところは、「ア　学期ごとに適当な範例を示す。」「イ　日記が型にはまりすぎたときは、各個人ごとに、学級全体に着限点を注意してやる。」「ウ　一週間に一度は見てやる。そのおりは必ず赤ペンを持ってそれに対する。（全員を六分割して）」「エ　佳作や教育上参考となる記事に出会うごとに、できるだけ採録しておく。佳作は、綴り方の範文、日記の範例として役立たせる。」の四点であった。

地方においても、独自の日記文指導の方法を開拓していた教師がいたことがわかる。大正の初期の段階で、「赤ペンを持って」、何らかの短評あるいは評点をつけていたという事実は確認できる。ただし、その内実は定かではない。やや年代が下って、成蹊小学校の教師たち、とりわけ吉村によって、先のような意図的・継続的な指導が生み出されたのである。

今後の課題は、次の二方向に伸びていく。

明治期では、詳細な資料検討が高橋省三の著作だけにとどまった。大和田建樹、芦田恵之助などの文献調査をふまえ、この期の研究の充実をめざしたい。

大正期では、引き続き、成蹊小学校の実践を追っていく。学習個体史的研究に発展できれば、この上はない。成蹊教育会運動の機関紙『新教育』誌の調査、初代学園長中村春二の日記文指導についての考え等の細かい調査も手がけたい。

参考文献

一　今道友信、一九九八、「一哲学者の歩んだ道（第一回）」、「中央公論」第一一三巻第一二号、二二八〜二五〇ページ
二　榎本博明、一九九七、『自己開示の心理学的研究』、北大路書房
三　岡利道、一九九九、「日記文の指導についての歴史的研究（二）」、「国語教育攷」第一四号、七八〜八七ページ
四　海後宗臣（編）、一九六三、『日本教科書大系　近代編第七巻　国語四』、講談社
五　海後宗臣（編）、一九六四、『日本教科書大系　近代編第六巻　国語三』、講談社
六　成蹊小学校（編）、一九二二、『教へ子を導きつつ』、成蹊学園出版部
七　高橋省三、一八九〇、『幼年文範』、学齢館〈国立国会図書館・マイクロフィッシュ版によった〉
八　高森邦明、一九七九、『近代国語教育史』、鳩の森書房
九　田中敦子、一九八八、「明治期における綴り方教科書教授の実際―芦田恵之助の場合―」、「国語科教育」第三五集、九二〜九九ページ
一〇　滑川道夫、一九七七、『日本作文綴方教育史１〈明治篇〉』、国土社
一一　滑川道夫、一九七八、『日本作文綴方教育史２〈大正篇〉』、国土社
一二　野地潤家、一九七一、「随意選題論争の展開―友納友次郎を中心に―」、「国語科教育」第一八集、六〜一三ページ

あとがき

雲石「国語」の会には、「言葉を楽しみ、言葉をみがく」国語の授業、「確かなことばの力をつける」国語の授業の在り方を追求する仲間が集まって来る。毎月一回の例会に、それぞれの問題意識と大小様々な提案を持って参加し、お互いに刺激を受け合って、またそれぞれの実践の場へと帰っていく。先頃、例会は二百回を越えた。

十四年前から年一回の例会を、会員外の参加も呼びかけた「小学校国語科教育研修会」として実施している。講師は藤井圀彦先生である。雲石「国語」の会の仲間と藤井先生とが一緒に研究を始めて、十四年になる。初めの七年間の研究の記録と成果は、『言葉をみがく国語科の授業を創る』(明治図書・一九九六年八月)にまとめた。本書は、その後の七年間の研究の成果である。

この七年間は、「書くことの指導」を中心に据えて研究してきた。藤井先生は、研究のために次のような授業を提案してくださった。「言葉を使っていろいろな遊びをしよう」(平成八年)、「名前の呼び方を調べて、気づいた事をまとめよう」(平成九年)、「いろいろな絵や物を見て、思ったことや想像したことを書こう」(平成十一年)、「俳句をつくろう」(平成十二年)。これらの授業をもとにわれわれ会員は検討を重ね、それをそれぞれの教室に持ち帰って、新しい授業創造に努めた。その結果の報告の一部が、第一部・第二部に収めた論文である。

なお、第一部の「鼎談と討議」には、島根大学教育学部教授足立悦男先生と同大学講師間瀬茂夫先生に貴重な提案をいただいた。さらに、間瀬先生には第三部に玉稿もいただいた。ここに記して謝意を表したい。本書が新教育課程完全実施の年に刊行されることになったことを嬉しく思うとともに、読者のご批判をいただいて、この研究を今後も継続し発展させていきたいと思っている。

二〇〇二年三月一日

雲石「国語」の会　橋本祐治

付記　本書中に言及している、雲石「国語」の会主催の「小学校国語教育研修会」（一九九六－二〇〇〇年）における藤井圀彦先生のご提案授業とそれをめぐる研究討議の記録は『自覚的な文章表現者を育てる作文の提案授業』（藤井圀彦著・明治図書刊）に収録されている。

執筆者紹介（目次順）

田中　瑩一		広島文教女子大学教授
瀧　　哲朗		島根大学教育学部附属小学校教諭
昌子　佳広		茨城大学講師
金山　剛志		島根大学教育学部附属小学校教諭
松田　武彦		島根県横田町立八川小学校教諭
森脇　紀浩		島根大学教育学部附属小学校教諭
山内　由佳		島根県西郷町立西郷小学校教諭
藤原　さり		島根県松江市立津田小学校教諭
池淵　昌志		島根県仁多町立布勢小学校教諭
間瀬　茂夫		島根大学講師
岡　　利道		広島文教女子大学助教授
橋本　祐治		島根県教育庁松江教育事務所指導主事

足立　悦男（鼎談参加）　島根大学教授

編者紹介

雲石「国語」の会（うんせきこくごのかい）

1985（昭和60）年に島根県松江市に生まれた国語教育の研究会。月１回の研究例会と、年１回の授業研修会を行っている。研究例会では基本文献の輪読、教育実践の発表交流、特定主題の共同研究等を、授業研修会では提案授業の公開と研究討議を行ってきた。これまでに公刊した著書に『言葉をみがく国語科の授業を創る』（田中瑩一・藤井圀彦共編、1996年８月・明治図書刊）『言葉をみがく国語科授業の探求—雲石「国語」の会の十年—』（1996年９月・自刊）がある。

［**事務局**＊〒690-0332　島根県八束郡鹿島町佐陀本郷700-3　森脇紀浩方］

自覚的な表現者を育てる —— 小学校国語科の授業 ——

2002年７月27日　発行

編者　雲石「国語」の会
代表　田 中 瑩 一
カバーデザイン　松　本　真　理
発行所　株式会社 渓 水 社
広島市中区小町１－４（〒730-0041）
電　話（082）246－7909
ＦＡＸ（082）246－7876
E-mail: info@keisui.co.jp

ISBN4-87440-705-6 C3081